编委会 高等职业教育旅游大类"十四五"规划精品教材

顾 问

郑耀星　全国旅游职业教育教学指导委员会委员，福建师范大学旅游学院原院长
刘松林　福建省旅游行业职业教育指导委员会秘书长，福州职业技术学院原副院长

编 委（排名不分先后）

林　东　福州职业技术学院文化创意学院院长，教授，省级精品在线开放课程主持人
曾　咪　漳州职业技术学院文化旅游学院院长，教授，省级精品在线开放课程主持人
崔筱力　厦门南洋职业学院外国语与旅游学院执行院长，教授，省级精品在线开放课程主持人
李晓雯　黎明职业大学外语与旅游学院副院长，副教授
黄宇方　闽西职业技术学院文旅创意学院旅游管理专业主任，省级精品在线开放课程主持人
李　心　福建信息职业技术学院文化创意与旅游学院副院长，副教授
周富广　漳州职业技术学院文化创意学院副院长，副教授
叶城锋　泉州职业技术大学文化旅游与体育学院副院长，省级精品在线开放课程主持人
黄朝铭　厦门东海职业技术学院航空旅游学院院长，省级精品在线开放课程主持人
刘少艾　闽江师范高等专科学校人文社科系副主任，省级精品在线开放课程主持人
陈月珍　泉州幼儿师范高等专科学校外语旅游学院导游专业副主任，省级精品在线开放课程主持人
张清影　漳州职业技术学院文化旅游学院副院长，副教授
黄冬群　漳州职业技术学院文化旅游学院副教授
薛秀云　漳州职业技术学院文化旅游学院副教授
李　青　福建信息职业技术学院文化创意与旅游学院副教授，中国职业教育新媒体专业联盟常务理事
严亦雄　福州职业技术学院旅游管理专业副教授，福州市先进教育工作者
佘艺玲　黎明职业大学外语与旅游学院副教授，旅游管理专业带头人
毛爱云　漳州科技学院教育与航空旅游学院副教授
黄丽卿　漳州职业技术学院食品工程学院副教授，省级精品在线开放课程主持人
包晓莉　闽西职业技术学院文旅创意学院副教授
许爱云　厦门南洋职业学院外国语与旅游学院教授
黄斐霞　黎明职业大学外语与旅游学院副教授，省级精品在线开放课程主持人
朱赛洁　厦门南洋职业学院外国语与旅游学院副教授
邢宁宁　漳州职业技术学院文化旅游学院副教授
吴艺梅　漳州职业技术学院文化旅游学院办公室主任
廉晓利　漳州职业技术学院文化旅游学院空中乘务专业主任

高等职业教育旅游大类"十四五"规划精品教材

福建省职业教育精品在线开放课程"饭店前厅客房服务与管理"配套教材

酒店前厅客房服务与管理

JIUDIAN QIANTING KEFANG FUWU YU GUANLI

崔筱力　黄朝铭　张清影　主　编
　　　　　　　　陈基香　副主编
　　　　　　　　高　强　参　编

华中科技大学出版社
http://press.hust.edu.cn
中国·武汉

内 容 提 要

本书依据我国现有酒店的实际管理水平和从业人员的实际需要,采用在服务层面设置管理流程,在管理层面采用国内外先进的管理方法来解决酒店的前厅、客房管理问题,全面、系统地介绍了酒店前厅客房服务与管理的各种要求以及其运行的程序和流程,采用 OBE 教育理念,结合"1+X"前厅运营管理职业技能等级证书,以及国家职业技能标准等,融入福建省省级在线精品课程资源,旨在为高等专科学校的旅游、酒店管理专业提供一部较为全面的、适应酒店前厅和客房经营管理需要的教材,本书也可用于酒店对其员工进行前厅、客房业务及管理知识的培训。

图书在版编目(CIP)数据

酒店前厅客房服务与管理/崔筱力,黄朝铭,张清影主编. —武汉:华中科技大学出版社,2023.1
ISBN 978-7-5680-9075-9

Ⅰ.①酒… Ⅱ.①崔… ②黄… ③张… Ⅲ.①饭店-商业服务 ②饭店-商业管理
Ⅳ.①F719.2

中国国家版本馆 CIP 数据核字(2023)第 004983 号

酒店前厅客房服务与管理　　　　　　　　　　崔筱力　黄朝铭　张清影　主编
Jiudian Qianting Kefang Fuwu yu Guanli

策划编辑：汪　杭
责任编辑：王梦嫣　汪　杭
封面设计：原色设计
责任校对：李　琴
责任监印：周治超

出版发行：华中科技大学出版社(中国·武汉)　　电话：(027)81321913
　　　　　武汉市东湖新技术开发区华工科技园　　邮编：430223
录　　排：华中科技大学惠友文印中心
印　　刷：武汉开心印印刷有限公司
开　　本：787mm×1092mm　1/16
印　　张：13.75
字　　数：331 千字
版　　次：2023 年 1 月第 1 版第 1 次印刷
定　　价：49.80 元

本书若有印装质量问题,请向出版社营销中心调换
全国免费服务热线：400-6679-118　竭诚为您服务
版权所有　侵权必究

出版说明

伴随着我国的社会和经济在"十四五"期间步入新的发展阶段,中国的旅游业迎来了转型升级与高质量发展的新局面,这将在推动并形成以国内经济大循环为主体、国内国际双循环相互促进的新发展格局中发挥独特的作用。

《中国教育现代化2035》及《加快推进教育现代化实施方案(2018—2022年)》明确提出"推动高等教育内涵式发展、形成高水平人才培养体系"。"职教二十条"和"双高计划"的相继发布,也对中国旅游高等职业教育的发展提出了新要求。

中国旅游业面临的这些崭新局面,客观上对我国旅游高等职业教育和专业人才培养提出了更高的要求。基于此,出版一套把握新形势、反映新趋势、面向未来的高质量旅游高等职业教育教材成为迫切需要。

基于此,教育部直属的全国"双一流"大学出版社华中科技大学出版社汇聚了国内一大批高水平旅游院校的资深教授、学科带头人、双师型教师、旅游行业专家以及1+X职业技能等级证书评价机构联合编撰了高等职业教育旅游大类"十四五"规划精品教材。本套教材从选题策划到成稿出版,从编写团队到出版团队,从内容组建到内容创新,均做出了积极的突破,具有以下特点。

一、名师团队担任编委

本套教材编写者主要来自高水平旅游职业院校的教授、教学名师、学科带头人、双师型教师、旅游行业专家以及1+X职业技能等级证书评价机构。他们有着丰富的执教或从业经验,紧跟教育部、文旅部的权威指导意见,充分整合旅游领域的最新知识点,确保本套系教材的权威性、准确性、先进性。

二、课程思政贯穿全书

本套教材引进"课程思政"元素,落实立德树人的根本任务,在每个学习单元除了设置"知识目标""能力目标"外,还注重"素质目标"和"思政目标",通过案例分析、课后训练等形式,将社会主义先进文化与中华优秀传统文化,以及忠诚担当的政治品格、严谨科学的专业精神等内容贯穿于教材内容,旨在培养学生掌握相关岗位技能操作中必备的思政元素,践行社会主义核心价值观。

三、依托省级精品在线开放课程建设

本系列教材大多数有全国各省份的省级精品在线开放课程以及国家精品在线开放

课程的支撑，能够支持适合新学情的O2O混合式教学模式。依托各省级精品在线开放课程的在线教学平台，结合导学、在线讨论、在线答疑、在线测试等环节，可实现线上线下教学相融合，可实现以学习者为主体的"教、学、做一体化"。教材与在线开放课程结合，能够让教师的教学更便捷，让学生的学习更主动和可控。

四、校企融合编写贴近岗位实际

本系列教材建设伊始即实施了产教融合、校企共同设计与开发的路径，课程和教材建设均注重与企业实际工作过程相对接，与旅游行业代表性企业合作，邀请行业知名经理人以及1+X职业技能等级证书评价机构联合编写，从教材顶层设计到分步实施，每一个学习单元都与企业实际典型工作任务对接，既关注旅游基础理论，也重点突出了企业应用的实际。此外，教材还融通了1+X职业技能等级证书的知识、案例、真题等。

五、配套丰富教学资源形成立体化教材

华中科技大学出版社为本套系教材建设了线上资源服务平台，在横向资源配套上，提供教学计划书、教学课件、习题库、案例库、参考答案、教学视频等系列配套教学资源；在纵向资源开发上，构建了覆盖课程开发、习题管理、学生评论、班级管理等集开发、使用、管理、评价于一体的教学生态链，打造了线上线下、课堂课外的新形态立体化互动教材。

中国旅游业发展前景广阔，中国旅游高等职业教育任重道远，为中国旅游业的发展培养高质量的人才是社会各界的共识与责任，相信这套凝聚来自全国骨干教师和行业一线专家们的智慧与心血的教材，能够为我国旅游人才队伍建设、旅游职业教育体系优化起到一定的推动作用。

本套教材在编写过程中难免存在疏漏、不足之处，恳请各位专家、学者以及广大师生在使用过程中批评指正，以利于教材水平进一步提高。也希望并诚挚邀请全国旅游院校及行业的专家学者加入我们这套教材的编写队伍，共同促进我国旅游高等职业教育事业向前发展。

华中科技大学出版社

2022年5月

前言
Preface

众所周知,突如其来的疫情打乱了很多行业的发展步伐,旅游、酒店是受影响较大的行业。2020年下半年以来,由于我国采取的疫情防控措施有效得当,酒店行业所受到的冲击在逐渐减弱,旅游和商务市场运行基本趋于正常,酒店行业的复苏明显优于其他行业。在此背景下,40%的消费者表示他们更倾向于选择那些有更高卫生及安全标准的航司、机场及酒店,酒店是否能够向消费者提供更好的服务亦成为竞争中的制胜关键。而从长期来看,消费者消费水平的提高和消费结构的升级、交通基础设施的完善和便捷性的提升,加上科技进步使酒店管理效率提高,都将有助于酒店行业快速发展。

前厅部、客房部是酒店的主要营业部门,其中,前厅部是以提供预订、接待、问询为主要形式的、具有面对面服务性质的主体业务部门;客房部则以清洁保养、物品配置为主要形式,向前厅提供可供出售的合格客房产品。两个部门虽然业务差别很大,但具有互相依存的业务特点,可以说是酒店中的一对亲密"伙伴"。

本书定位于高职高专的酒店管理系列教材,在编写过程中,依据我国现有酒店的实际管理水平和从业人员的实际需要,采用在服务层面设置管理流程,在管理层面采用国内外先进的管理方法来解决酒店的前厅、客房管理问题。

本书旨在为高等专科学校的旅游、酒店管理专业提供一部较为全面的,适应酒店前厅、客房经营管理需要的教材,也可用于企业对酒店员工进行前厅、客房业务及管理知识的培训。本书全面、体系地诠释了酒店前厅客房服务与管理的各种要求及其运行的程序和流程,采用OBE教育理念,结合"1+X"前厅运营管理职业技能等级证书,以及国家职业技能标准等,融入在线精品课程资源,具有基础理论言简意赅、操作训练实用可行、先后层次体系连贯、运行流程与时俱进的特点。

本书注重实践,通过"实战训练"让课前、课中、课后的学习内容既独立又系统。学生可以系统地学习教材全部内容,也可以选择某个项目内容单独学习。教师亦可在正文内容中选取一部分知识点，让学生课前自学或课上讨论学习，并且通过各种教学手段的融合，实现"翻转课堂""线上线下混合式教学"。

　　本书由厦门南洋职业学院崔筱力担任第一主编，厦门东海职业技术学院黄朝铭担任第二主编，漳州职业技术学院张清影担任第三主编，厦门东海职业技术学院陈基香担任副主编，贵州农业职业学院高强参编。具体编写分工如下：崔筱力编写项目一、项目十二；黄朝铭编写项目三、项目四、项目五；张清影编写项目七、项目八、项目九；陈基香编写项目二、项目六、项目十一；高强编写项目十。全书由崔筱力负责统稿、修改并定稿。

　　在本书编写过程中，我们引用了许多学者及相关人员的研究成果，虽然一一列举并注明，但难免有疏漏之处，在此向各位专家、学者表示感谢，疏漏之处敬请谅解。由于编者时间和水平所限，书中难免有不当之处，敬请各位专家和读者不吝指正，以便再版时修订完善。

目录
Contents

项目一　前厅部概述　/001
　任务一　前厅部组织结构及岗位职责　/002
　任务二　前厅部在酒店中的地位和作用　/005
　任务三　前厅部的工作任务　/007
　任务四　前厅部的沟通协调　/010

项目二　客房预订服务　/016
　任务一　客房预订认知　/017
　任务二　超额预订　/020
　任务三　预订失约　/023

项目三　前厅接待服务　/032
　任务一　入住登记服务　/033
　任务二　问询服务　/041
　任务三　收银服务　/044

项目四　前厅其他服务　/053
　任务一　前厅礼宾服务　/054
　任务二　总机服务　/062

| 任务三　商务中心服务 | /064 |

项目五　前厅销售管理　/071

任务一　酒店产品认知	/072
任务二　客房销售价格的制定	/074
任务三　前厅销售技巧	/080

项目六　前厅部的宾客关系管理　/086

任务一　投诉的处理	/087
任务二　客史档案的管理	/088
任务三　线上平台宾客关系的维护与管理	/092

项目七　客房部概述　/096

任务一　客房部组织结构及岗位职责	/097
任务二　客房部的地位与作用	/101
任务三　客房部的工作任务	/103
任务四　客房部的业务特点及人员素质要求	/104

项目八　客房清洁卫生与管理　/110

任务一　客房清洁保养基础知识	/111
任务二　客房清洁保养工作任务与岗位职责	/116
任务三　客房清洁卫生质量控制管理	/118
任务四　公共区域清洁卫生	/120

项目九　客房接待服务　/126

任务一　客房接待服务的特点与要求	/127
任务二　客房接待服务项目	/129
任务三　客房接待服务质量管理	/139

项目十　客房设备、用品管理　　/149

　　任务一　客房设备、用品管理的任务和方法　　/150
　　任务二　客房设备的分类和选择　　/153
　　任务三　客房设备的使用和保养　　/156
　　任务四　建立客房设备档案　　/158
　　任务五　客房布件管理　　/159
　　任务六　客房日用品管理　　/163

项目十一　客房部安全管理　　/170

　　任务一　客房消防安全　　/171
　　任务二　客房财物安全　　/174
　　任务三　员工职业安全管理　　/176

项目十二　客房部人力资源管理　　/184

　　任务一　客房部编制定员和劳动定额　　/185
　　任务二　客房部的招聘与培训工作　　/189
　　任务三　员工考核与工作评估　　/195
　　任务四　员工激励　　/198

参考文献　　/203

项目一
前厅部概述

 项目目标

知识目标
1. 了解前厅部在酒店中的地位和作用。
2. 熟知前厅部的工作任务。
3. 了解前厅部的组织结构和主要岗位职责。

能力目标
1. 掌握前厅部定编定岗的方法。
2. 能够处理前厅部和其他部门的业务关系。

素质目标
1. 具备合格的前厅部工作人员素质。
2. 具备基本的前厅部管理人员素质。
3. 具有良好的团队合作意识。

思维导图

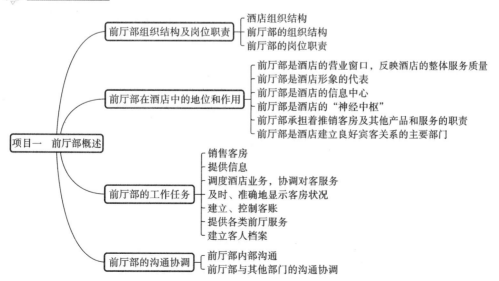

任务一　前厅部组织结构及岗位职责

一、酒店组织结构

酒店组织结构是指酒店各部门的划分，即各部门在组织系统中的位置、集聚状态及互相联系的形式（见图1-1）。

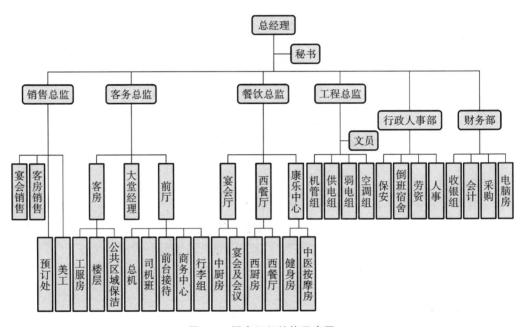

图1-1　酒店组织结构示意图

酒店组织结构从形式上看由两大部分构成：一是酒店内各部门的划分；二是在系统中各部门的组合形式。酒店的组织结构反映了管理者的经营思想、管理体制，直接影响经营的效率和效益。组织结构是在遵循组织原则的基础上，根据酒店的实际情况形成的。酒店各部门的划分是根据酒店的组织原则和业务特点进行切块和分层。酒店对部门划分后，要在组织中对各部门给予定位，使各部门有机地组合起来。酒店通过组织结构对系统内的各部门做定位和组合。

二、前厅部的组织结构

酒店前厅部的组织结构是由若干职能不同的部门和管理权力不同的层级组合而成

的,它们之间存在着纵横交错的关系,正确处理它们之间的关系是保证酒店正常运转的重要条件。我们通常会把这样的组织结构形式称为"定编定岗"。前厅部一般设有以下主要机构:预订处、接待处、问询处、礼宾部、总机接线、商务中心、收银处、宾客关系部、大堂副理。根据酒店的规模大小的不同,酒店前厅部业务分工也不同,常见的前厅部机构设置有三种模式。

(1) 酒店设房务部,下设前厅、客房、洗衣和公共区域清洁四个部门,统一管理客人预订、接待、入住过程中的一切住宿业务,实行系统管理。前厅部内部通常设有部门经理、主管、领班和服务员四个层级。这种模式一般为大型酒店所采用。

(2) 前厅部作为一个与客房部并列的独立部门,直接由酒店总经理负责。前厅部内部设有部门经理、领班、服务员三个层级。中型酒店和一些小型酒店一般采用这种模式。

(3) 不单独设立前厅部,其功能由总服务台承担。总服务台作为一个班组归属于客房部,只设领班和总台服务员两个层级。小型酒店一般采用这种模式。

> **知识活页**
>
> 前厅部的机构设置
>
>

三、前厅部的岗位职责

(一) 前厅部各主要岗位工作职责

1. 前厅部经理

职责描述:前厅部经理是前厅部运转的指挥者,全面负责前厅部的经营管理工作。

2. 大堂副理

大堂副理也称大堂值班经理,其工作岗位设在前厅,直属前厅部经理领导(有的酒店的大堂副理直接接受总经理领导)。

职责描述:大堂副理负责协调酒店对客服务,维护酒店应有的水准,代表总经理全权处理客人投诉、客人生命安全及财产安全等复杂事项。

3. 前台接待主管

职责描述:前台接待主管具体负责组织酒店客房商品的销售和接待服务工作,保证下属各班组之间及与酒店其他部门之间的衔接和协调,提供优质服务,提高客房销售业绩。

4. 礼宾主管

职责描述:礼宾主管具体负责指挥和督导下属员工,提供高质量、高效率的客人迎送服务、行李运送服务和其他相应服务,确保本部门工作正常运转。

5. 预订处主管

职责描述:预订处主管具体负责组织酒店客房商品的销售和预订工作,保证预订员与接待员之间的衔接和协调,提供优质服务,提高客房销售效率。

6. 总机接线主管

职责描述:总机接线主管全面负责酒店内外电话的转接任务,保证通信的及时有效,发生紧急事件时,担负指挥职责。

(二) 前厅部主管(或领班)的任职条件

前厅部主管(或领班)的任职条件如下:

(1) 具有高中以上文化程度,比较系统地掌握旅游经济、旅游地理、主要客源国的民俗礼仪,以及现代酒店经营管理知识。

(2) 坚持原则,敢于负责,作风正派,办事公道,在工作中的各个方面都能起到表率作用。

(3) 受过严格的操作训练,精通业务,熟练掌握服务技能和技巧,并能带领全体员工共同完成客房销售和对客服务任务。

(4) 有较好的外语口头表达能力和文字表达能力,能流利准确地使用外语与客人对话。

(5) 善于处理人际关系,会做思想工作,关心本班组员工的合理要求和切身利益。

(6) 有处理各种突发事件的应变能力。

(7) 仪表端正,气质好。

(三) 前厅服务人员应具备的素质

前厅服务人员应是酒店各部门中素质较高的员工,因为他们代表的是酒店形象。优秀的前厅服务人员应有以下基本素质。

1. 仪容仪表

前厅服务人员应身材匀称、面容清秀、仪表堂堂、身体健康。仪表是对服务人员外表仪态的要求。前厅服务人员应在工作中着装整洁、大方、美观,举止姿态端庄稳重,表情自然诚恳,和蔼可亲。

2. 礼貌修养

前厅服务人员应有的礼貌修养,具体表现在言谈举止、工作作风、服务态度等方面。

3. 性格

前厅服务人员应具有外向的性格、耐心、包容和合作精神,善于自我调节情绪,具有幽默感,善于为别人提供台阶,能为尴尬的局面打圆场,能在对客服务中保持身心平衡,具有随机应变能力。

4．品德

前厅服务人员必须具有良好的品德,正派、诚实、责任心强,热爱本职工作。

5．基本技能

(1) 语言交际能力。

前厅服务人员应使用优美的语言,如迎宾敬语、问候敬语、称呼敬语、电话敬语、道别敬语,提供敬语规范化的服务,以及能够用英语或其他外语进行服务。

(2) 业务操作技能。

前厅服务人员必须具备较强的动手能力,反应敏捷,应变能力强,具有较好的人际沟通的能力、推销酒店产品的能力、熟记客人的能力等。

6．知识面

前厅服务人员应具备较宽的知识面和较丰富的专业知识。

任务二　前厅部在酒店中的地位和作用

一、前厅部是酒店的营业窗口,反映酒店的整体服务质量

一家酒店服务质量和档次的高低,从前厅部的服务与管理中就可以反映出来。前厅被誉为酒店的门面,这张门面是否"漂亮",不仅取决于前台和大堂的设计、装饰、布置、灯光等设施的豪华程度,以及良好的酒店氛围,更取决于前厅部员工的精神面貌、服务态度、服务效率、服务技巧及服务特色等。因为酒店的任何一位客人,从抵店前的预订,到抵店入住,直至结账离店,都需要前厅部提供服务,前厅部是客人与酒店联系的纽带。前厅部通过客房商品的销售来带动酒店其他各部门的经营活动。同时,前厅部还要及时地将客源、客情、客人需求及投诉等各种信息通报有关部门,共同协调整个酒店的对客服务工作,以确保服务工作的效率和质量。因此,前厅部通常被视为酒店的"神经中枢",是整个酒店承上启下、联系内外、疏通左右的枢纽。无论酒店规模、档次如何,前厅部都是向客人提供服务的中心,是能够反映酒店整体服务质量的场所。

二、前厅部是酒店形象的代表

前厅部是留给客人第一印象和最后印象的所在地。客人往往带着第一印象来评价酒店的服务质量,若第一印象好,即使客人在店逗留期间遇到不如意的事情,也会认为这是偶尔发生,是可以原谅的;反之,若第一印象不好,酒店在客人心目中的不良印象就很难改变,易形成恶性循环。此外,前厅部也是客人与酒店最后接触的部门,是给客人留下最后印象的地方,并且最后印象在客人脑海里停留的时间也最长。能否给客人留

下一种"依依不舍"的感觉,在很大程度上取决于前厅部员工的服务质量。如果前厅部员工的服务质量不好,那么为客人住店期间所提供的其他优质服务将会大打折扣。

另外,前厅部是酒店形象的代表。酒店形象是公众对于酒店的总体评价,是酒店的表现与特征在公众心目中的反映,对于现代酒店的生存和发展有着直接的影响。前厅部是酒店工作的"橱窗",代表着酒店的对外形象。酒店前厅部的主要服务机构通常都设在客人来往最为频繁的大堂。客人在酒店居住期间,前厅部要提供各种有关服务,客人遇到困难要向前厅部寻求帮助,客人感到不满时也要找前厅部投诉。在大堂汇集的大量人流中,除住店客人外,还有许多前来就餐、开会、购物、参观游览、进行商务会谈的客人。他们往往停留在大堂,会对酒店的环境、设施、服务进行评价。因此,前厅部管理水平和服务水准,往往直接反映整个酒店的管理水平、服务质量和服务风格。

知识活页

前厅环境与布局设计

三、前厅部是酒店的信息中心

有效的信息处理有利于提高酒店经营管理决策的科学性。前厅部不仅为客人提供各种服务信息,而且也为酒店其他部门提供客情,为酒店管理机构提供反映经营情况和服务质量状况的数据和信息。例如,在国外一些酒店里,未来一段时期内房价的高低浮动是由管理者根据前厅部所提供的客人预订信息来决定的。

四、前厅部是酒店的"神经中枢"

前厅部是酒店的"神经中枢",在很大程度上控制和协调着整个酒店的经营活动。前厅部发出的每一项指令、每一条信息,都直接影响着酒店其他部门的服务质量。美国著名的酒店管理专家奥图尔先生曾形象地比喻:若将酒店比作车轮,前厅部就是车轮的轴心。由此可见,前厅部运作的效率将决定酒店前进的步伐。

五、前厅部承担着推销客房及其他产品和服务的职责

每个企业的最终目的都是获得良好的经济效益,酒店也一样。酒店的主要产品就是客房,而前厅部正是推销客房产品的主要部门,前厅部不仅通过提供邮寄、商务、电信、票务等服务,直接获得经济收入,还需协调酒店营销部,积极主动销售酒店产品,提高酒店客房的出租率,以及平衡房价。其最终目的是争取良好的客房经济效益。

六、前厅部是酒店建立良好宾客关系的主要部门

酒店服务质量的高低最终由客人做出评价,评价的标准是客人的满意度。建立良好的宾客关系有利于提高客人的满意度,赢得更多的回头客,从而提高酒店的经济效益。而前厅部是客人接触最多的部门,其员工与客人接触频繁,最易获知客人的需求,因此,应尽最大可能提高客人对酒店的满意度,以建立良好的宾客关系。现代酒店已从卖方市场转入买方市场,酒店开始越来越重视客人的需求以及酒店与客人之间的关系。在这种情况下,前厅部的工作显得尤其重要。

任务三　前厅部的工作任务

一、销售客房

前厅部的首要任务是推销客房,客房是酒店销售的主要产品。客房的营业收入一般要占酒店全部收入的40%—60%。根据美国的PKF国际咨询公司有关世界范围酒店经营情况的统计资料,客房营业收入占全酒店营业收入的平均比例为58.6%,而餐饮营业收入所占的比例为31.6%,通信与其他经营收入所占的比例为9.8%,在我国旅游酒店中,客房营业收入占全酒店营业收入的比例为48.7%,而餐饮营业收入所占的比例为32.52%,商品与其他经营收入所占的比例为19.31%。酒店每日客房出租率的高低在很大程度取决于前厅部的销售工作。因此,前厅部的全体员工应全力以赴,按酒店制定的价格政策,推销出更高档次和更多数量的客房。

前厅部客房销售通常包括以下五项程序:
(1) 受理客人预订。
(2) 接待有预订和未经预订而直接抵店的零散客人。

(3)办理客人的入住登记手续。
(4)控制客房的使用状况,分配房间,确定房价。
(5)参与酒店的市场调研和房价及促销策划的制定,配合营销部、公关部进行对外联系,开展促销活动。

二、提供信息

前厅部是酒店经营活动的主要信息源,它包括酒店经营的外部市场信息(如旅游业发展状况、国内外最新经济信息、客人的消费需要与心理、人均消费水平、年龄结构等)和内部管理信息(如出租率、营业收入、客人投诉、客情预测、客人住店和离店情况,以及在各营业点的经营状况等)。前厅部不仅要有意识地收集这类信息,而且要对其进行加工处理,并将其传递到客房部、餐饮部等酒店经营部门和管理层,以便采取相应的决策,做好对客服务。同时,前厅部还应为客人提供酒店内外有关活动的信息(如有关日程安排、服务项目、服务地点、服务价格、服务时间等)和酒店所在地、所在国的信息等。因此,前厅部应努力收集资料,并与酒店其他部门共享信息资源,为客人提供出色的服务。

三、调度酒店业务,协调对客服务

调度酒店业务是酒店前厅部的一个重要功能。现代化酒店是既有分工、又有协作、相互联系、互为条件的有机整体。酒店服务质量的好坏取决于客人的满意程度,而客人的满意程度是对酒店每一次具体服务所形成的一系列感受和印象的总和,在对客服务的全过程中,任何一个环节出现差错,都可能会影响到服务质量,甚至影响到酒店的整体声誉。例如,当客人向前厅部投诉客房内没有热水供应时,前厅部必须立刻与工程部联系检修事宜。酒店要强调统一协调的对客服务,要使分工的各个方面都能有效运转,都能充分发挥作用。

前厅部作为酒店的"神经中枢",承担着对酒店业务安排的调度工作和对客服务的协调工作。主要表现如下。

(1)将通过销售客房商品活动所掌握的客源市场、客房预订和到客情况及时通报其他有关部门,使各有关部门有计划地安排好各自的工作,互相配合,保证各部门的业务均衡衔接。

(2)将客人的需求及接待要求等信息传递给有关部门,并检查、监督落实情况。

(3)将客人的投诉意见及处理意见及时反馈给有关部门,以保证酒店的服务质量。

为适应旅游市场需求,提高企业自身的竞争力,现代酒店尤其是高档大中型酒店的业务内容越来越多,分工越来越细,前厅部的这种调度酒店业务的功能也就显得更为重要。

四、及时、准确地显示客房状况

酒店客房状况是指酒店客房的使用情况,通常分为长期和短期两类。及时、准确地显示客房状况的目的是使酒店最大限度地利用客房这一酒店最大的获利产品。因此,为销售客房而提供迅速、准确的客房状况是前厅部的又一项任务。前厅部常常利用客房预订汇总表(Room Reservation Chart)或计算机来显示客房的长期状况(预订状况);用客房状况显示架(Room Rack)或计算机来显示客房的短期状况(即时状况)。前厅部应及时、准确地显示客房使用情况,以便进行有效的客房销售。

五、建立、控制客账

为方便客人、促进消费,绝大多数酒店向入住客人提供一次性结账服务方式。所以,前厅必须为住客分别制作账单,接受各营业点转来的经客人确认和签字的客账资料,并及时记录、累计及审核客人的各项欠款,确保客账账目的准确无误。同时,为离店客人办理结账、收款或转账服务事宜。建立、控制客账的目的是记录和监管客人与酒店之间的财务关系,以保持酒店的良好信誉度和保证酒店应有的经济效益。

六、提供各类前厅服务

前厅部作为对客服务的集中点,除了开展预订和接待业务、销售客房商品、协调各部门对客服务,本身也担负着大量的直接为客人提供日常服务的工作。主要包括:
(1) 礼宾服务。
(2) 问询、邮件服务。
(3) 电话总机服务。
(4) 贵重物品保管。
(5) 商务中心服务。
(6) 其他服务,如旅游代办服务、机票和车票预订服务等。

由于前厅部的特殊地位,使得这些日常服务工作的质量、效率显得非常重要。这直接体现了酒店是否给客人提供了优质服务,从而决定了酒店是否取得了良好的经济效益和社会效益。

七、建立客人档案

前厅部建立的客人档案主要分以下三类:

（1）个人档案。
（2）预订档案。
（3）团队档案。

客人档案通常以客人姓名字母顺序排列的有关客人的主要资料，例如，个人情况资料，每次住店期间的爱好、习惯、所需的特殊要求、投诉等。预订档案的建立可以为销售部提供一些资料，有利于销售部进行市场调研，开发本酒店的客源。例如，记录某旅行社的客源是哪个地区的、有什么特殊要求等，这些资料既可以使酒店向客人提供周到的、具有针对性的个性化服务，也有利于增进酒店对客源的了解，增强市场渗透力，提高酒店客房销售能力。

任务四　前厅部的沟通协调

一、前厅部内部沟通

前厅部内部沟通是指前厅内部各环节之间的相互沟通，主要包括客房预订、入住接待、问询、前台收银、礼宾行李服务、商务中心以及电话总机等环节之间的沟通。

前厅部内部沟通路径如图1-2所示。

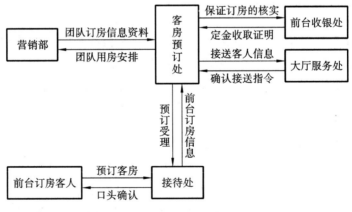

图1-2　前厅部内部沟通路径

（一）接待处与客房预订处

前厅接待处应根据每天实际抵店、实际离店、提前离店、延期离店等情况统计用房数，将临时取消客房数、预订但未抵店客房数和换房数及时输入计算机系统内，或采用表格形式递送给客房预订处，以便预订员修改预订信息，确保预订信息的准确性。

客房预订处也应每天将已延期抵店、实际取消以及次日抵店用房数等及时输入计算机内或采用表格形式递交接待处,以便前厅接待处最大限度地销售客房。

(二)接待处与前台收银处

前厅接待员应及时为入住客人建立账单,以便收银员开立账户及累计客账。

各环节应就换房所产生的房价变动以及客房营业情况互通信息。

前台收银处应将客人已结账信息及时通知接待处,以便迅速调整房态,并通知客房中心清扫整理客房,便于再次销售。

二、前厅部与其他部门的沟通协调

(一)与客房部的沟通协调

(1)许多酒店的前厅部与客房部同属于房务部。这两个部门被看作不可分割的整体,因为它们之间的联系最密切,信息沟通也最频繁。因此,前厅部和客房部之间保持良好的沟通具有非常重要的意义。

(2)前厅部及时通报客人入住、结账离店、延期退房、预付款不足等情况。

(3)前厅部每天在规定的时间前把必要的客人信息以书面方式通知客房部,如一周客情预测表、贵宾接待通知单、次日预计抵店客人名单、团队会议接待单、住店客人名单等。

(4)团队会议客人抵达前,要发送团队会议分房表给客房部,以便客房部对客房进行准备。

(5)前厅部发送特殊要求通知单给客房部,以便客房部做好准备,满足客人的个性化要求。

(6)前厅部发送换房及房价变更通知单给客房部,使客房部了解用房变动情况。

(7)双方核对客房状况报告、客房状况差异表等,以协调好前厅柜台客房销售(柜台销售属于前厅部)与客房管理(客房部职责)的关系。

(8)大堂副理等前厅部员工应根据酒店的授权,参与客房卫生及维修保养状况的检查。

(9)客房部应及时将客人遗留物品情况通知总台,以方便客人找回物品。

(10)客房部应根据电话总机房的要求,派服务员探视对叫醒无反应的客房。

(11)客房部应及时向总台通报客房的异常情况,如双锁客房、紧急维修、在外过夜等。

(12)客房部应安排服务员协助行李员完成行李的运送、收集等服务。

(13)前厅部与客房部员工应相互接受交叉培训,以加强了解、促进沟通。

(二)与营销部的沟通协调

(1)进行来年客房销售预测前,双方磋商并研究决定酒店团队、会议客人与散客的接待比例。

（2）讨论酒店实行超额预订时，一旦发生已订房客人入住时酒店无房的情况，酒店所能采取的补救措施。

（3）接待处以书面形式向营销部通报有关客情信息，如下达每周客情预测表、旅游团及会议团用房分配表、次日预计抵店客人一览表、次日预计离店客人一览表、贵宾接待通知单、房价及预订情况分析表、客源分析表等。

（4）营销部把已获批准的各种订房合同复印件，及酒店有关房价规定的文件转前厅部妥善保存并执行。

（5）营销部应将旅游团和会议团的详细订房情况，以书面形式报送客房预订处，以预留客房。

（6）营销部应将旅游团和会议团的用房变动情况及日程安排情况，通报总台，以便前厅部做出相应的变更，以及解答客人的问题。

（三）与财务部的沟通协调

（1）前厅部与财务部应就信用限额、预付款、超时房费的收取，以及结账后再次发生费用等情况进行有效沟通，以防止漏账及逃账。

（2）接待处在客人入住后，应立即递交已制定的散客账单、入住登记表的第一联及刷好卡号（最好签过名）的信用卡签购单等给前厅收款处，以便及时、准确地为客人建立账户，累计客账。

（3）接待处在客人入住后，应立即递交已制定的团队主账单，供前厅收款处签收并累计客账。

（4）双方相互通报客情信息（如抵、离店、延期退房等），以便及时、准确地收取营业款并正确显示客房状况。

（5）接待处应把住店的换房信息（涉及房费变化）及时、准确地以书面形式通报前厅收款处，以便及时准确地为客人累计客账。

（6）双方应就每天的客房营业情况进行仔细核对，尽量做到准确无误。

（四）与餐饮部的沟通协调

1．接待工作

（1）书面通知 VIP 客人用餐要求等。

（2）发放团队客人的用餐券。

（3）每日送交在店客人/团队会议人员表、在店客人名单和预期离店客人名单。

2．预订工作

（1）每月送交客情预测表（见图 1-3）。

（2）每日送交抵店客人名单和贵宾接待通知单等。

（3）书面通知订房客人的用餐要求及用餐环境布置要求。

3．问询工作

（1）每日从餐饮部的预订处取得宴会及会议活动安排表。

（2）向客人分发餐饮活动宣传材料。

（3）随时掌握餐饮部各营业点的服务内容、营业时间及收费标准的变动情况等。

项目\n预测数\n时间	特级套房			甲级住房			标准客房			用餐			备注
	团体客人	散客	重要客人	团体客人	散客	重要客人	团体客人	散客	重要客人	早餐	午餐宴会	晚餐宴会	
一													
二													
三													
四													
五													
六													
七													
合计人数													
合计房数													

预测订房总数　　　　　预测房租收入

制表人：

年　月　日

图 1-3　客情预测表

4．礼宾服务

更新每日宴会、会议、饮食推广活动的布告牌，协助餐饮部进行促销，解答客人有关餐饮方面的问询等。

5．总机

随时掌握餐饮部各营业点的服务内容、营业时间及收费标准的变动情况等。

6．与总经理室的沟通协调

（1）前厅部应及时向总经理室请示、汇报前厅部对客服务过程中发生的重大事件。

（2）前厅部应转交邮件、留言、信件及各种表格。

（3）了解当天值班经理的姓名、联系电话及去向，以便有事时可以及时通知值班经理。

（4）定期呈报客情预测表及各类客源分析表等资料。

（5）报告已预订客房的贵宾情况，递交贵宾接待规格审批表及房租折扣申报表等，供总经理批阅。

（6）通报每天的客情信息及营业情况，如营业日报表、营业情况对照表、在店客人名单等。

（7）与营销部配合，草拟酒店的客房营销政策（如房价的调整、信用政策、折扣权限等），呈报总经理审批，并就执行过程中的问题及时汇报，以便调整。

7．与其他部门的沟通协调

（1）与人事部、培训部沟通协调，做好前厅部的招聘录用以及新员工的岗前培训工作。

（2）与工程部、保安部沟通协调，保障酒店各类服务设施的正常运转和客人的人身财产安全。

（3）与康乐部等其他业务部门互相传递有关信息，满足客人住店期间的多种服务需要。

 **即学即测**

1. 为什么说前厅部是酒店的"神经中枢"？
2. 前厅部如何与其他部门进行业务沟通？
3. 怎样才算是一名合格的前厅部员工？

 **实战训练**

一、实训要求

（1）教师将班级中每5—7人组为一个小组，每组在当地选择一家酒店的前厅部进行走访调查。

（2）教师分配各组实训任务的重点，提前确定各组实训的酒店，以及各组所选酒店前厅部的基本情况等。

二、实训项目

1. 为前厅部绘制一份组织结构图

任务实施：

（1）走访调查酒店的规模、经营模式，前厅部的部门、岗位组成情况、岗位职责等。

（2）各组对实训情况进行总结，在此基础上为该酒店前厅部绘制一份组织结构图，并进行定编定岗说明等。

（3）由教师安排时间在班级内部交流、讨论，使各组报告各具特色。

2. 我达标了吗

任务实施：

（1）各小组成员进行自评和互评，在此基础上使每个学生找到一个与自身情况适配的前厅部目标岗位。

（2）在小组内阐述该岗位的工作职责与任职要求。

（3）找到自身与该岗位的差距，提出解决措施。

（4）形成书面报告，教师评分并存档。

3. 现场演练不同部门与前厅部的工作协调

任务实施：

（1）教师公布几项前厅部和不同部门的工作协调事项，每个小组选择1项协调工作，各小组成员分别扮演前厅部及其他1—2个部门的员工。

（2）每个小组进行讨论，对工作协调事项进行设计，并分角色现场模拟工作场景。

（3）每个小组总结前厅部与其他部门工作协调的注意事项，解决问题的方法等。

案例分析

糟糕的早晨

某日19:00,一个62人的旅行团到达酒店,领队顺利拿到客人的房卡,按规定办理完入住手续,赶紧带着玩了一天已经十分疲惫的客人入住了客房。22:30,该团领队突然想到还没有通知次日叫醒和用餐时间,于是赶快到总台交代好。这时候总台的中班员工和夜班员工正在交接工作,中班员工对领队说了一句"好的,知道了"。第二天8:10,该领队到总台进行投诉,说昨晚特别交代了总台,今天7:00叫醒,7:30用餐,结果总台没有提供叫醒服务,于是领队一间一间地去敲门叫醒客人。等7:50大家都起来了,来到餐厅吃自助早餐,发现用餐的人非常多,餐品也已经所剩无几了,但餐厅并没有及时补充食物。而此次来接团队的大巴车已经到了,领队不得不组织还没有吃饱早餐的客人上车外出游玩。中午,旅行社发来投诉信,要求酒店给予处理及补偿。

(资料来源:根据相关资料整理。)

思考讨论:

在这个事件中,酒店员工有哪些地方处理失误?如何避免类似的问题产生?

案例评析:

本案例中,主要的问题出在总台员工与旅行团领队的沟通协调有失误。首先,团队办理入住登记时,总台员工必须了解领队或导游次日是否需要叫醒服务,以及几点用早餐。如果团队在酒店用中、晚餐,也一样需要确认时间和准确的用餐人数。总台员工必须第一时间按规定把叫醒信息传递给总机,由总机按照工作规程设置团队叫醒电话。总台员工也应及时把团队次日的用餐时间、人数等信息传递给餐厅,餐厅应提前做出相应安排。如在团队即将抵达餐厅用早餐之前,餐厅应增加食品种类、数量,以便团体客人成批量抵达餐厅时,有足够的餐食在短时间内供客人食用。团体客人的特点是大量的客人"同进同出",酒店和接待单位、旅行社、领队或导游只有及时、准确地掌握团队活动的时间节点和重要要求,才不至于影响团队的统一活动计划。就案例中的情况,酒店应当给予旅行社书面道歉,同时向该领队当面致歉。

顺畅的沟通协调机制和完善的客户管理体系是优质服务的前提。酒店对客服务是具有整体性和系统性的工作,并不能只靠一个人或一个部门解决,因此,酒店各部门之间要保持工作上的沟通及联系,相互协作,共同做好对客沟通,协调好客人关系,保证酒店经营管理的成功。

项目二
客房预订服务

 项目目标

知识目标
1. 了解预订的方式和种类。
2. 掌握客房预订服务的程序。
3. 了解超额预订的定义。
4. 熟悉确定超额订房数应考虑的因素。

能力目标
1. 能独立完成散客及团队预订的工作任务。
2. 能妥善处理预订失约行为。

素养目标
1. 具备良好的服务意识和营销意识。
2. 具备良好的应变协调能力。

 思维导图

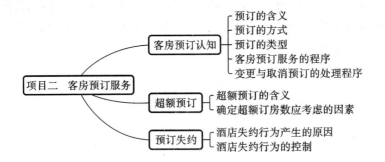

任务一　客房预订认知

一、预订的含义

客房预订是指客人在抵店前要求酒店为其保留客房的预先约定。客房预订可以保证客人的住宿需求，特别是在旅游旺季。对酒店而言，预订可以了解客人的需求，做好接待准备，提高客人的满意度；预订还能够为酒店争取更多的客源，提高客房出租率。

二、预订的方式

预订的方式主要有电话预订、面谈预订、传真预订、网络预订。

（一）电话预订

电话预订是指客人通过电话向酒店订房。电话预订是非常普遍的订房方式，特别是当提前预订的时间较短时，这种预订方式最为直接和方便。

（二）面谈预订

面谈预订是指客人亲自到酒店与预订员面对面洽谈订房事宜。这种预订方式使预订员有更多的时间与客人交流，利于推销客房产品。

（三）传真预订

传真是一种现代通信技术，通过文字传达预订信息，即收即发，可以传递客人的签名、印鉴等，不易出现预订纠纷。

（四）网络预订

网络预订是指客人通过互联网进行订房，是目前最先进的预订方式。从渠道来讲，网络预订分为酒店官网预订和在线旅游代理（Online Travel Agency）预订，如携程旅行网、同程旅行、飞猪旅行、缤客（Booking）等是目前流行的网络预订平台。从预订的方式来讲，网络预订分为 PC 端预订和移动端预订。随着智能终端、移动网络的快速发展，手机移动端预订将成为未来酒店预订的主流。

预订的方式及优缺点比较如表 2-1 所示。

表 2-1　预订的方式及优缺点比较

序号	预订方式	优　　点	缺　　点	常用情况
1	面谈预订	可以详细了解客人需求,有针对性地进行推销	客人必须亲自到酒店预订,费时费力,这类的预订比例较少	接待重要客人的预订和团队预订常选择面谈预订
2	电话预订	方便、直接、迅速传递双方信息	受语言障碍或电话清晰度等因素的影响,预订容易出错,而且无据可依、较难掌握	有住店经历的回头客常用电话预订
3	传真预订	准确、迅速、内容详细、正规,可作为书面凭证,不易出现订房纠纷	必须有相应的传真设备	团队预订及商务预订常用传真预订
4	网络预订	方便、快捷、先进又廉价,可以广泛争取客源	网络信用体系不完善,预订安全性没有得到充分保障	—

三、预订的类型

（一）临时类预订

临时类预订是指客人在抵店前很短的时间内或抵达当日才进行预订。在这种情况下,酒店一般没有足够的时间给客人以书面确认。受理此类预订时,应注意提醒客人房间将保留至其抵店日当天的 18:00（即截房时间）,以免产生不必要的纠纷。

（二）确认类预订

确认类预定是指客人提前较长时间提出订房要求,酒店以书面形式进行确认的订房方式。这种订房方式一般不要求客人预付定金,但规定客人必须在预计抵店当天的一定时限内抵达。

（三）保证类预订

保证类预订是指客人以预付款、信用卡或者合同的形式保证其订房要求,否则将承担经济责任,而酒店则必须为客人保留客房至其抵店日的次日退房时间的预订。此类预订既可以保证客人的用房要求,以便安排行程,又可以保证在预订客人不抵店时酒店的收入,对双方都比较有利。

| 知识活页 | 受理电话预订的程序与标准 |

四、客房预订服务的程序

(一)准备工作

客房预订前的准备工作包括仪容仪表的准备和预订可行性掌握的准备。预订员上班后,必须迅速准确地掌握当日及未来一段时间内可预订的客房数量、类型、位置、价格标准等情况,对可预订的各类客房做到心中有数,保证介绍推销的准确性。

(二)受理或婉拒预订

预订员在受理预订时,首先要查看计算机中房态的情况,判断酒店能否满足客人的预订需求,如能满足,即可接受客人预订。如果因客满或其他原因,酒店无法接受客人的预订,就需要对预订加以婉拒。婉拒并不意味着对客服务的终止,而应主动提出一些可供客人选择的建议,并征求客人意见。

(三)预订资料的记录存储

预订确认之后,预订资料必须及时、正确地进行记录并存入计算机中,防止信息遗漏,方便快速查询。预订资料通常包括客房预订单、确认书、预付定金收据、预订变更单、预订取消单等。

五、变更与取消预订的处理程序

预订客人在实际抵店前,可能会因种种原因对原有预订进行更改或取消,预订员应重视并处理好此项工作。

处理变更及取消预订时,预订员应首先询问客人原始预订信息,查询原始预订单,然后咨询客人的更改或取消要求,填写预订变更单或取消单,最后还应感谢客人,并做好资料的存档。此外还应注意以下几点:

第一,若变更或取消的内容涉及一些原有的特殊安排,如接机、订餐、鲜花、水果、房内布置,应尽快给有关部门发变更或取消通知。

第二,有关团体订房的变更与取消,要按合同办理。一般的合同规定,旅行社要求取消订房至少应在原定团队抵达前10天通知酒店,否则按合同收取损失费。

第三,尽量简化取消预订的手续,并耐心、高效地受理。客人能花时间通知酒店取消原来的订房,对酒店是十分有利的,所以应对取消预订的客人给予同样的热情和耐心。

任务二　超额预订

一、超额预订的含义

超额预订是指酒店在订房已满的情况下,再适当增加预订的数量以弥补少数客人预订未到、临时取消或提前离店而出现的客房闲置,以提高开房率,获得最佳效益。做好超额预订的关键在于把握超额预订的"度",避免或最大限度地降低因失误而造成的麻烦。

根据国际酒店的管理经验,超额预订的比例一般控制在5%—20%,即订房未抵店的比例在5%—20%。超额预订的决策不仅依据管理者的个人经验,还与对市场的预测和对客情的正确分析等因素息息相关。

> **知识活页**
>
> 超额预订策略的实施对行业性质有一定要求,且不同行业超额预订的程度也不同,相应出现超额预订时给予的赔偿也不同(见表2-2)。
>
> 表2-2　超额预订的使用情况
>
> | 行　业 | 程　度 | 出现超额预订时给予的赔偿 |
> | --- | --- | --- |
> | 民航 | 非常高 | 赔偿,免费住宿和就餐,等待下一班航班 |
> | 宾馆 | 高 | 去其他附近的同档次或更高档次的宾馆住宿 |
> | 汽车租赁 | 高 | 等待或临时使用其他汽车租赁公司的汽车 |
> | 航空货运 | 高 | 用下一班飞机运送货物,对货物到达的延期进行赔偿 |
> | 订货型生产企业 | 中等 | 延期支付 |
>
> (资料来源:曾国军《收益管理与定价战略》,中国旅游出版社,2018年版,略有改动。)

二、确定超额订房数应考虑的因素

(一)团队订房和散客订房的比例

团队预订一般是事先计划好的,并与酒店签订了合同,变更可能性很小;而散客随意性较大。因此,在某段时间内团队预订多,散客预订少,则超额预订的比例不宜过大;反之,如果散客预订多,团队预订少,则超额预订的比例可适当大一些。

(二)预订类别的比例

确认性预订和保证性预订,违约需要承担一定的经济责任,变动的概率相对临时性预订低。因此,在某段时间内,如果确认性和保证性预订多而临时性预订少,则超额预订的比例不宜过大;反之,临时性预订多而确认性和保证性预订少,则超额预订的比例可以大一些。

(三)不同类别客人所占的比例

根据抵店的类型,客人一般可以分为五种:预订未到者、临时取消者、提前离店者、延期住店者、提前抵店者。酒店应统计出历年同期不同类型客人所占的比例,综合进行分析,以把握超额预订的"度"。通常可以采用以下公式进行计算。

超额订房数＝临时取消客房数＋预订未到客房数＋提前离店客房数－延期住店客房数
　　　　　＝酒店应接受当日预订客房数×预订取消率＋酒店应接受当日预订客房数
　　　　　　×预订未到率＋续住客房数×提前离店率－预期离店客房数×延期住店率

假设:预订取消率(r_1)＝临时取消客房数/客房预订数
　　　预订未到率(r_2)＝预订未到客房数/客房预订数
　　　提前离店率(f_1)＝提前离店客房数/续住客房数(C)
　　　延期住店率(f_2)＝延期住店客房数/预期离店客房数(D)

酒店应接受当日预订客房数＝酒店客房总数(A)－续住客房数(C)＋超额预订客房数(X),则:

$$X = (A-C+X)r_1 + (A-C+X)r_2 + Cf_1 - Df_2$$

$$X = \frac{Cf_1 - Df_2 + (A-C)(r_1+r_2)}{1-(r_1+r_2)}$$

例:酒店有客房500间,5月18日续住客房数为200间,预期离店客房数为100间,该酒店预订取消率通常为9%,预订未到率为5%,提前离店率为4%,延期住店率为6%,试问,就5月18日而言,该酒店应该接受多少超额预订? 超额预订率多少为最佳? 一共应该接受多少超额预订?

(1)该酒店应接受的超额预订数为

$$X = \frac{Cf_1 - Df_2 + (A-C)(r_1+r_2)}{1-(r_1+r_2)}$$

$$=\frac{200\times 4\%-100\times 6\%+(500-200)\times(9\%+5\%)}{1-(9\%+5\%)}$$

$$\approx 51(间)$$

（2）超额预订率为

$$51\div(500-200)\times 100\%\approx 17\%$$

（3）该酒店一共应该接受的客房预订数为

$$500-200+51=351(间)$$

（四）本地区有无其他同等级同类型酒店

若本地区有其他同等级同类型的酒店，一旦客人按约定抵店，却出现"房满"的情况，则可以将客人安顿到其他同等级同类型的酒店，因此，超额预订的幅度可适当大一些；反之，则应小一些。

（五）酒店在市场上的信誉度

信誉是酒店的立身之本。若酒店在市场上所享有的信誉度高，则应更注重维护好自己的信誉，因此，超额预订的幅度应小一些；反之，则可适当大一些。

（六）天气情况

天气恶劣时，航班被取消或渡轮等交通工具停运的情况有发生，如果这种天气出现在预订抵达当天，那么客人预订未到或临时取消的概率可能会大大提高，所以超额预订的幅度可适当大一些。因此，对天气情况的预测也是确定超额订房数的重要依据。

超额预订房数与影响因素间的关系如表 2-3 所示。

表 2-3　超额订房数与影响因素间的关系

酒店下列情况多	超额预订数大（↑）	超额预订数小（↓）
预订未到者	↑	
临时取消者	↑	
提前离店者	↑	
延期住店者		↓
提前抵店者		↓
团体订房		↓
保证性预订		↓
本地区其他同类型、同等级的酒店（有）	↑	
酒店在市场上的信誉（高）		↓
天气情况（恶劣）	↑	

任务三　预订失约

预订失约包括酒店失约和客人失约两种情况。酒店失约是指客人按约定的时间抵店或酒店曾保证过订房,但客人抵店时却遭遇"客满",酒店不能提供房间。酒店失约容易引起客人不满和投诉,甚至影响酒店的信誉,因此应该尽量避免。客人失约是指客人预先订了房,到了约定时间却没来入住,也未事先通知酒店。为避免客人失约,酒店应事先主动与客人确认。

一、酒店失约行为产生的原因

（一）未能精确实施超额预订的量

比如出现了"三高一低",即过高估计了预订未到客人的房间数,过高估计了临时取消预订的房间数,过高估计了提前离店客人的房间数,过低估计了延期住店客人的房间数。

（二）理解与沟通上的失误

比如未能准确掌握可预订房的数量,或未能领会客人的预订要求等。

（三）因疏忽遗漏未能最终落实预订

比如在预订过程中出现抵离日期、房型、数量等关键字拼写错误。

二、酒店失约行为的控制

（一）控制适当的超额预订的比例

酒店确定超额订房数时,应根据自身的实际情况,合理控制超额预订的"度"。具体来说,酒店应统计出历年同期不同类型客人所占的比例,结合预订类别的比例、团体订房和散客订房的比例等因素,估计现在的超额订房数。

（二）加强沟通,准确统计可预订房数量

前厅部内部之间,以及前厅部与其他部门之间应加强沟通,密切配合,准确统计出可预订房数量。

（三）完善预订的程序和标准

受理预订时，严格按照酒店的预订流程进行，加强检查核对，避免出现差错、遗漏。

 即学即测

1. 旅游旺季，客人打电话预订客房，但此时酒店客房已经全部订满，你将如何处理此项预订？

2. 什么是超额预订？如何处理超额预订的纠纷？

 实战训练

一、实训要求

（1）熟练掌握受理客人预订的操作程序和标准。

（2）掌握预订表格的填写。

（3）掌握预订失约行为处理的操作程序与标准。

二、实训项目

1. 受理一般散客电话预订

任务实施：

（1）将学生分组，每2人一组，1人扮演前厅部预订员，1人扮演客人，模拟受理一般散客电话预订的流程。

（2）完成一轮实训后，学生双方互换角色，再进行一次实训，然后各自谈谈感受，并说出实训中存在的不足。最后，指导教师点评，总结任务要点。

任务道具：

预订单、笔、计算机、电话座机等。

程序与标准：

受理一般散客电话预订的程序与标准如表2-4所示。

表2-4　受理一般散客电话预订的程序与标准

序号	程　　序	标　　准
1	接听电话，问候客人	（1）铃响3声内接听电话，礼貌问候客人，并自报家门："您好，××酒店！请问有什么可以帮您？" （2）礼貌了解客人姓氏，如"先生/女士，怎么称呼您？"并在之后使用客人姓氏进行称呼
2	询问客人的订房要求	（1）询问客人抵店日期、房间类型、房间数量、住店夜次、可接受房价等。 （2）通过计算机查看房态，核对是否能满足客人需求，若能满足则接受预订

续表

序号	程　序	标　准
3	推销客房	（1）如果不能直接接受预订，则进行客房推销。 （2）介绍房间种类和房价，高价房侧重功能特点，低价房侧重经济实惠
4	接受预订	（1）若有符合客人要求的房间或者客人接受所推荐的房间，则委婉地询问客人的姓名、联系方式、付款方式等基本信息。 （2）询问客人抵达情况，如抵达航班及时间；无明确抵达航班和时间时，向客人说明，酒店将保留房间至入住当天 18:00；如果客人抵达时间超过 18:00，建议客人做担保预订。 （3）询问客人是否有其他要求，如接机服务
5	核对预订信息	（1）抵店日期、航班。 （2）房间类型、房价、用房数量、住店夜次。 （3）付款方式、特殊要求。 （4）对非保证类预订，提醒客人房间只保留到入住当天 18:00
6	完成预订	（1）向客人致谢，并表示恭候光临。 （2）等客人挂断电话再挂电话
7	填写表格，存档	（1）填写预订单（见表 2-5），并按酒店要求存档。 （2）及时将客人的预订信息录入预订系统

表 2-5　散客预订单

□新增（New Booking）　　　□变更（Amendment）　　　□取消（Cancellation）

公司名称 Company			
宾客姓名 Guest Name		房型 Room Type	
房价 Room Rate		房间数量 Number of Rooms	
特殊房价 Special Rate		批准人 Approved	
抵店日期 Arr. Date		接机□ Pick Up （Y/N）	航班号/ 抵达时间 Flight Number/ ETA	
离店日期 Dep. Date		送机□ Drop Off （Y/N）	航班号/ 离开时间 Flight Number/ ETD	

续表

付款方式 Payment Method		押金 Deposit		房间保留时间 Room Retention Time	
特殊要求 Special Request					
预订人 Booker		联系电话 Telephone Number			
预订员 Reservation Clerk		日期 Date			

2. 当面受理团队预订

任务实施：

（1）将学生分组，每 2 人一组，1 人扮演前厅部预订员，1 人扮演客人，模拟当面受理团队预订的流程。

（2）完成一轮实训后，学生双方互换角色，再进行一次实训，然后各自谈谈感受，并说出实训中存在的不足。最后，指导教师点评，总结任务要点。

任务道具：

预订单、笔、计算机等。

程序与标准：

当面受理团队预订的程序与标准如表 2-6 所示。

表 2-6　当面受理团队预订的程序与标准

序号	程　　序	标　　准
1	问候客人	（1）客人来到前台，礼貌问候客人："您好，欢迎光临××酒店！请问有什么可以帮您？" （2）礼貌了解客人姓氏，如"先生/女士，怎么称呼您？"并在之后使用客人姓氏进行称呼
2	询问客人订房要求	询问客人抵店日期、房间类型、房间数量、住店夜次、可接受房价等
3	接受预订	（1）通过计算机查看房态，核对是否能满足客人需求，若能满足则接受预订。 （2）按照团队价格报价，与对方确定价格。 （3）确定付款方式。 （4）请客人发传真做担保。 （5）询问客人抵达的方式和时间，是否需要接机，如需接机则要询问客人所需车辆的类型和数量。 （6）询问客人是否有其他要求，如用餐服务（餐别和标准）。 （7）询问预订代理人情况，如姓名、联系电话等

续表

序号	程序	标准
4	核对预订信息	(1) 抵店日期及时间、接机车型。 (2) 房间类型、房价、用房数量、住店夜次、用餐情况。 (3) 付款方式、单位名称、预订代理人姓名及联系电话
5	完成预订	(1) 向客人致谢,并表示恭候团队光临。 (2) 等客人挂断电话再挂电话(电话预订)
6	填写表格,存档	(1) 填写预订单(见表 2-7),并按酒店要求存档。 (2) 及时将客人的预订信息录入预订系统

表 2-7 团队预订单

□新增(New Booking)　　□变更(Amendment)　　□取消(Cancellation)

团队号 Team Number		团队名称 Name of Group	
国籍 Nationality		城市 City	
人数 No. of Pax		陪同人数 Number of Escorts	
领队姓名 Tour Leader		联系电话 Telephone Number	
抵店日期/时间 Arr. Date/Time		离店日期/时间 Dep. Date /Time	
房间类型/间数 Room Type/Number of Rooms		房价 Room Rate	
房间类型/间数 Room Type/Number of Rooms		房价 Room Rate	
房间类型/间数 Room Type/Number of Rooms		房价 Room Rate	
陪同房型/间数 Accompanying room type/ Number of Rooms		房价 Room Rate	
早餐餐费 The Cost of Breakfast		用餐时间 Dining Time	

续表

用餐人数 Number of Diners		用餐地点 Dining Place	
付款方式 Payment Method			
备注 Remarks			
预订人 Booker		联系电话 Telephone Number	
预订员 Reservation Clerk		日期 Date	

3. 受理客人更改预订

任务实施：

（1）将学生分组，每 2 人一组，1 人扮演前厅部预订员，1 人扮演客人，模拟受理客人更改预订的流程。

（2）完成一轮实训后，学生互换角色，再进行一次实训，然后各自谈谈感受，并说出实训中存在的不足。最后，指导教师点评，总结任务要点。

任务道具：

原始预订单、预订变更单、笔、计算机等。

程序与标准：

更改预订的程序与标准如表 2-8 所示。

表 2-8　更改预订的程序与标准

序号	程　　序	标　　准
1	询问原始预订信息	询问客人原始预订信息，包括客人姓名、原始抵店日期和离店日期
2	查询原始预订单	根据客人提供的信息查找客人的原始预订单，并与客人核对订单信息
3	咨询客人的更改要求	（1）咨询客人的更改要求。 （2）通过计算机进行查询，判断能否满足客人的更改要求。 （3）有相应房间时，即可帮助客人更改预订。 （4）如果客人需要更改的内容酒店无法满足，应及时向客人解释，并告知客人将其列入等候名单
4	填写预订变更单	根据客人更改后的信息填写预订变更单
5	感谢客人	（1）感谢客人及时通知。 （2）感谢客人的理解和支持（未确认时）

续表

序号	程 序	标 准
6	存档	(1)将更改的预订单放置在原始预订单上,并订在一起。 (2)按新的预订单的抵店日期、客人姓名存档。 (3)将预订更改信息录入计算机

4. 受理客人取消预订

任务实施:

(1)将学生分组,每2人一组,1人扮演前厅部预订员,1人扮演客人,模拟受理客人取消预订的流程。

(2)完成一轮实训后,学生双方互换角色,再进行一次实训,然后各自谈谈感受,指出实训中存在的不足。最后,指导教师点评,总结任务要点。

任务道具:

原始预订单、预订取消单、笔、计算机等。

程序与标准:

取消预订的程序与标准如表2-9所示。

表2-9 取消预订的程序与标准

序号	程 序	标 准
1	询问原始预订信息	询问客人原始预订信息,包括客人姓名、原始抵店日期和离店日期
2	查询原始预订单	根据客人提供的信息查找客人的原始预订单,并与客人核对订单信息
3	了解客人取消预订的原因	(1)礼貌询问客人取消预订的原因。 (2)尽力建议客人修改预订并挽留客人。 (3)如果客人坚持取消,也应竭诚为客人服务
4	处理取消预订	填写预订取消单
5	感谢客人	(1)感谢客人将取消预订要求及时通知酒店。 (2)询问客人是否要做下一阶段的预订
6	存档	(1)将取消的预订单放置在原始预订单上,并订在一起。 (2)按日期将取消预订单放在文件夹最后一页。 (3)将预订取消信息录入计算机

5. 预订失约行为的处理

任务实施:

(1)将学生分组,每2人一组,1人扮演前厅部服务员,1人扮演客人,模拟预订失约行为的处理流程。

(2)完成一轮实训后,学生双方互换角色,再进行一次实训,然后各自谈谈感受,并说出实训中存在的不足。最后,指导教师点评,总结任务要点。

任务道具:

原始预订单、笔、计算机、致歉信等。

程序与标准:

预订失约行为的处理程序与标准如表 2-10 所示。

表 2-10 预订失约行为的处理程序与标准

序号	程　　序	标　　准
1	致歉	诚恳地向客人解释原因并致歉。如有必要,由大堂副理亲自出面致歉
2	安顿客人	(1) 征得客人同意,安排到有业务关系的同等级、同类型酒店入住,并免费提供交通工具和第一夜的房费,若房价超过本酒店,其差额由本酒店支付。 (2) 免费提供 1—2 次长话费或传真费用,以便客人将临时改变住宿地址的信息通知有关方面
3	提供后续服务	(1) 保留客人有关信息,以便为他们提供邮件及查询服务。 (2) 如客人愿意搬回本酒店,次日应优先排房,并由大堂副理亲自迎接,陪同办理入住手续。 (3) 房内放致歉信,赠送鲜花及果篮等
4	致歉、致谢	向订房委托人致歉,向提供援助的酒店致谢

  案例分析

已预订的 1005 房被出租了

住店客人毛先生通知前台,他们公司的同事都被安排在 10 楼的客房,明天他们的老板到店,订的套房能否也安排在同层。前台员工小焦经查询后,告知客人没有问题,房号为 1005。当天下午一位有预订的客人入住,订的也是套房。另一位前台员工小钱查询后发现只有 1005 号房当日为空房,第二天有预抵客人占了此房,另外还有几间套房明天有客人离店,于是就把此房号从该预订上解锁下来,先出租给当天到店的客人。待第二天毛先生带着公司老板到前台办理入住手续时,前台给客人分了 1522 房。毛先生十分不解,说昨天已订好 1005 房。但前台一查却发现 1005 房已经入住了别的客人。毛先生由于无法向自己的老板交代,十分生气,于是马上向酒店负责人投诉。

(资料来源:陈静《前厅运行与管理(第二版)》,广西师范大学出版社,2019 年版,略有改动。)

思考讨论:

(1) 试分析毛先生为什么会投诉?

(2) 前台员工应该如何服务才能避免案例中出现的问题?

(3) 如果你是酒店负责人,你会如何处理这个投诉?

案例评析：

（1）一旦答应客人的事情，就应当尽全力去办。由于员工的责任心不够，将已答应给客人的房间又出租给其他客人，这会使酒店失信于客人。

（2）第一，前台员工小焦首先违反了接受客人客房预订时的一条重要原则，就是不预先告知房号。前台员工在接受预订时，不要给客人以具体房号的许诺。第二，前台员工接到客人的要求后如能够满足，则应知会当班的其他同事，以免再租，在系统中"Block"一栏选定该房号，并在备注中注明：房号勿动。第三，在交接班本上做详细记录，让其他同事也知晓此事。第四，前台员工在客人挑选房号时，应在系统中确认此房号是无人占用的、干净的、可预订的。如发现有预订占用房号应查明原因，不可擅自将房间预订解锁，直接参与预订。第五，当班领班应清楚当班所有情况，随时注意每位员工的操作，发现问题及时调整；随时提醒员工操作的注意事项；平时应注意加强对员工工作程序的培训，尤其是责任心的培养。

（3）向客人道歉，并免费为客人升级成高级套间，享受 VIP 待遇等。

项目三
前厅接待服务

项目目标

知识目标
1. 了解前厅接待服务。
2. 了解前厅部接待处、问询处、收银处的工作任务。
3. 了解前厅部接待处、问询处、收银处的主要岗位职责。

能力目标
1. 掌握前厅部入住登记流程、排房技巧和客房推销的注意事项。
2. 掌握问询服务、留言服务、邮件服务流程。
3. 掌握建账服务、退房结账服务、外币兑换服务和夜审工作流程和规范。

素养目标
1. 具备合格的前厅部工作人员素质。
2. 具备较强应变能力。
3. 具有良好的团队合作意识。

思维导图

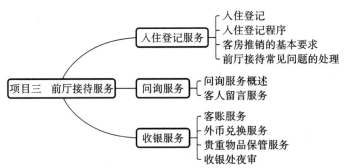

任务一　入住登记服务

一、入住登记

入住登记服务是前厅部对客服务全过程中关键的环节之一,其工作效果将直接影响前厅信息收集、协调对客服务、建立客账和客史档案等各项工作。另外,入住登记手续的办理也是客人与酒店建立正式的、合法关系的最根本的一个环节,因此,做好前厅接待服务工作责任重大。

办理入住登记的必要性有以下几点:
(1) 遵守国家法律中关于入住管理的规定。
(2) 获取客人个人信息。
(3) 酒店为客人提供服务的依据。
(4) 保障酒店及客人生命和财产的安全。

二、入住登记程序

(一) 入住登记程序主要步骤

入住登记程序(见图3-1)主要包括六大步骤:
(1) 识别客人有无预订。
(2) 填写入住登记表。
(3) 合理安排房间。
(4) 确定房费担保方式。
(5) 制作并发放房卡。
(6) 制作相关表格资料。

需要注意的是不同类别的客人、不同的特殊情况,入住登记步骤亦有可能不同。

(二) 散客入住登记程序

1. 识别客人有无预订

客人来到接待处时,接待员应面带微笑,主动问好并询问客人有无订房。若有订房,应找出客人的订房资料,确认订房信息内容,特别是房间类型与住宿天数。如客人没有订房,则应先查看房态表,看是否有空房。若能提供客房,则向客人介绍房间情况,帮助客人选房。如没有空房,则应婉言谢绝客人,并为客人介绍邻近的酒店。

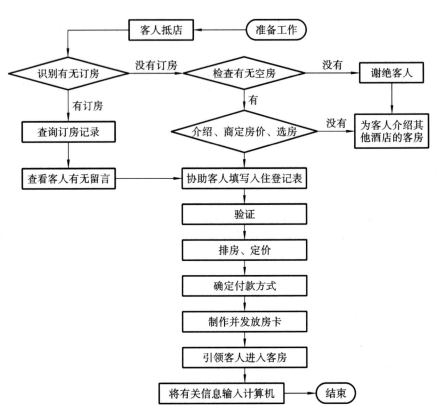

图 3-1　入住登记程序

2. 填写入住登记表

请客人出示有效证件，认真核对证件信息，协助或帮助客人填写入住登记表，请客人核对信息并确认签字。通常有预订的客人入住登记时间不得超过 3 分钟，没有预订的客人入住登记时间不得超过 5 分钟。为加快入住登记速度，对于已经预订的客人，酒店可以实行预先登记，事先在登记表上填写客人资料信息，客人抵达后，再根据客人情况填写剩余内容并请客人核对和签名。客人入住必须登记，散客一人一表（见图 3-2 和图 3-3）。

3. 合理安排房间

客房分配应讲究一定的顺序及排房艺术。对于预订客人，在安排房间时必须按照预订确认书中要求的房间类型为客人准备房间。同类型客房如果有位置、朝向和楼层等差别，接待员需要当面征求客人意见。多人同行时还要问清客人是否需要连通房或相邻房又或其他条件的房间，再确定房号。对于贵宾，一般要求安排较豪华的房间，并注意客房的私密和安全。对于团体客人应尽量安排在同一楼层标准相同的房间，既方便客人活动又便于开展服务工作。对于老弱伤残或带小孩的客人，一般应安排在低楼层或离服务台、电梯间较近的房间，便于客人出入，也便于服务人员对其加以照顾。对于新婚的客人，一般安排在远离电梯间、有大床且比较安静的房间。

年　月　日

房号			房价			接待员	
姓名		性别		年龄	籍贯		地址
有效证件名称			有效证件号码			入住天数	退房时间
同住人		姓名		性别	年龄		关系

备注：(1) 退房时间是次日中午 12：00。
(2) 贵重物品请放在收银处免费保险柜中，如客人自己不慎遗失，酒店概不负责。
(3) 来访客人请在 23：00 前离开房间。
(4) 离店时请交回房卡。
(5) 房租不包括房间内食品、饮料等。

离店时结账方式
□现金
□银联卡
□旅行社凭证

客人签名：

图 3-2　国内客人入住登记表

IN BLOCK LETTERS：		DAILY RATE：		ROOM NO.：
SURNAME：	DATE OF BIRTH：		SEX：	NATIONALITY OR AREA：
OBJECT OF STAY：	DATE OF ARRIVAL：		DATE OF DEPARTURE：	COMPANY OR OCCUPATION：
HOME ADDRESS：				
PLEASE NOTE： ① Check out time is 12:00 noon. ② Safe deposit boxes are available at cashier counter at no charge. Hotel will not be responsible for any loss of your property. ③ Visitors are requested to leave guest rooms by 11:00p.m. ④ Room rate not including beverage in your room. ⑤ Please return your room key to cashier counter after checking out.				Checking out my account will be settled by： CASH： T/A VOUCHER： CREDIT CARD： GUEST SIGNATURE：
For clerk use				
护照或证件名称：	号码：	签证种类：	签证号码：	签证有效期：
签证签发机关：	入境日期：	口岸：	接待单位：	
REMARKS：		CLERK SIGNATURE：		

图 3-3　境外人员入住登记表

客房分配顺序

4. 确定房费担保方式

确定房费担保方式的目的,从酒店角度来看,可防止住客逃账(走单);从客人角度来看,可使其享受住宿期间消费一次性结账服务和退房结账的高效率服务。客人常采用的房费担保方式主要有现金、信用卡和转账结账。如果客人用现金担保,入住时则要缴纳一定数额的预付款。预付款应超过住宿期间的总房费,具体超出多少,由酒店自定,一般为一天的房费,结账时多退少补。如果客人用信用卡结账,接待员应首先辨明客人所持的信用卡是否属于中国人民银行规定的可在我国使用且本酒店接受的信用卡,然后请客人刷房费的预授权。如果客人要以转账方式结账,一般在订房时就要向酒店提出,酒店要提前核实是否可以转账结账。对于熟客、常客、公司客户等,酒店为了表示友好和信任,通常会给予他们免交押金的方便。

5. 制作和发放房卡

确定房费担保方式后,接待员可以制作房卡,并双手递交给客人。有些酒店还会向客人提供用餐券、免费饮料券、各种促销宣传品等,并询问客人喜欢阅读的报纸,以便准备提供。同时,酒店为客人事先保存的邮件、留言单等也应在此时交给客人,并提醒客人将贵重物品寄存在酒店免费提供的保管箱内。在客人离开前厅时,接待员应安排行李员引领客人进房并主动与客人道别。

6. 制作相关表格资料

入住登记的最后环节,是制作相应表格资料。使用打印机时,在入住登记表的一端打上客人入住的具体时间(年、月、日、时、分)将客人入住信息输入计算机并通知客房中心。同时建立档案,以便作为日后查询的参考资料。

(三)团队客人入住登记程序

1. 接待团队客人的准备工作

(1)在团队到达前,与客房部联系,确保房间为可售房。

(2)预先备好团队的钥匙,要按照团队要求提前分配好房间,将钥匙分别放入钥匙袋内,填好客人姓名和房号。应注意将同一团队的客人尽量分到同一楼层。

(3)将有关通知单提前分送总台问询处、客房部、餐饮部等相关部门,做好客人抵达时的各项准备工作。

2. 接待团队客人入住

（1）总台接待员与销售部团队联络员一起礼貌地把团队客人引领至团队入店登记处。

（2）销售部团队联络员告知领队、团队客人有关事宜，其中包括早、中、晚餐地点，以及酒店其他设施。

（3）总台接待员与领队确认房间数、人数，以及早晨叫醒时间、团队行李离店时间。

（4）经确认后，请领队在团队明细单上签字，总台接待员亦需在上面签字确认。

（5）销售部团队联络员和领队接洽完毕后，总台接待员需协助领队发放钥匙，并告知客人电梯的位置。

团队入住登记单如图 3-4 所示。

团队名称		入住日期				离店日期	
		年　　月　　日				年　　月　　日	
房号	姓名	性别	出生年月日	职业	国籍	证件号码	
	何处来何处去						
留宿单位				接待单位			

图 3-4　团队入住登记单

3. 信息存储

（1）入住手续办理完毕后，前厅接待员须将准确的房间号名单转交行李部，以便运送行李。

（2）及时将所有相关信息输入计算机。

三、客房推销的基本要求

前厅部是酒店的重要销售部门，尤其是在没有设立独立的销售部门的酒店，总台更要承担起酒店全部的销售任务。对于总台员工来说，要在接待过程中成功地将客房推销给客人，前提是自身要掌握相应的知识、信息，具备相应的素质，其中包括熟悉、掌握本酒店的基本情况及特点，了解、掌握竞争对手酒店的产品情况，熟悉本地区的旅游项目与服务设施，认真观察、掌握客人心理及需求，推销时积极、热情等。

（一）表现出良好的职业素质

总台员工良好的职业素质是销售成功的关键之一。总台是给客人留下第一印象的地方，客人刚到一家酒店，对该酒店可能不甚了解，他对该酒店的了解和产品质量的判断是从总台员工的仪表仪容和言谈举止开始的。因此，总台员工必须面带笑容，以端正的站姿、热情的态度、礼貌的语言、快捷规范的服务接待每一位客人，给客人留下良好的第一印象，这是推销成功的基础。

（二）熟悉各类客房的特点

总台员工不仅要接受客人预订、安排客房，还要善于推销客房及酒店的其他产品，从而最大限度地提高客房的出租率，增加综合销售收入。因此，总台员工应熟悉酒店的等级与类型、酒店客房的价格与酒店相关政策规定、酒店其他的服务设施与服务项目等，还必须熟悉所有客房的特点，在向客人介绍客房时，能够适当地描述客房的特点，从而减弱客房价格在客人心目中的分量，突出客房能够满足客人需要的特点。

（三）了解不同客人的心理需求

不同的客人有不同的特点，对酒店也有不同的要求。因此，总台员工在接待客人时，要注意从客人的衣着打扮、言谈举止及随行人数等方面把握客人的特点（年龄、性别、职业、国籍、旅游动机等），进而根据其需求特点和心理，做好有针对性的销售。应向客人多做正面介绍，多提建议，必要时可引领客人实地参观客房，或给客人看客房的彩色照片，做好有针对性的销售。

（四）准确掌握客房状态

准确掌握客房状态是做好客房推销工作的前提。客房状态控制的目的在于保证正确显示客房状况，及时发现客房状况的差异，确保客房销售和酒店利益。正确显示客房状态的最大作用在于能够确保前厅部掌握准确的客房信息，保证客房的销售和分配。

知识活页

酒店一般客房状态

1. VC（Vacant Clean）：空房
2. VD（Vacant Dirty）：走客房
3. OD（Occupied Dirty）：住客脏房
4. OC（Occupied clean）：住客干净房
5. O.O.O（Out of Order）：待修房
6. ECO（Expected Check Out）：预计退房
7. NS（No Smoking）：无烟房

8. S/O(Slept Out):外睡房
9. DND(Do Not Disturb):请勿打扰
10. MUR(Make Up Room):请即打扫
11. N/B(No Baggage):无行李
12. L/B(Light Baggage):少行李
13. VIP(Very Important People):重要客人

四、前厅接待常见问题的处理

(一)换房

客人要求换房的原因通常分为酒店有过错和酒店无过错两种情况。因酒店过错造成客人换房时,酒店应对给客人造成的不便表示歉意,求得客人谅解,同时,在调换房间的朝向和价格方面给予客人一定的选择和优惠,通常采用调换房好于原房,并按原房价收费的方法,必要时还可事先带客人参观,从而使客人满意和认可。如酒店无过错,接待员仍需尽力满足客人的换房要求。在没有余房时,应向客人表示歉意,并做好记录,告知一旦有空房立即为其安排。换房往往会给客人或酒店带来麻烦,故必须慎重处理。需要注意的是,在搬运客人私人物品时,除非经客人授权,应坚持客人在场。

换房的服务程序如下:
(1) 了解换房原因;
(2) 查看客房状态资料,为客人排房;
(3) 填写房间/房租变更单(见图3-5);

房间/房租变更单 ROOM/RATE CHANGE LIST			
日期(DATE)		时间(TIME)	
客人姓名(NAME)		离开日期(DEPT DATE)	
房号(ROOM)	由(FROM)	转到(TO)	
房租(RATE)	由(FROM)	转到(TO)	
理由(REASON)			
当班接待员(CLERK)		行李员(BELLBOY)	
客房部(HOUSEKEEPING)		电话总机(OPERATOR)	
总台收银处(F/O CASHIER)		问询处(MAIL AND INFORMATION)	

图3-5 房间/房租变更单

(4) 为客人提供换房时的行李服务;

(5) 发放新的房卡,由行李员收回原房卡;

(6) 接待员更改计算机资料,更改房态。

（二）离店日期变更

客人在住店过程中,因情况变化,可能会要求提前离店或推迟离店。客人提前离店,总台应将此信息通知客房部尽快清扫整理客房。客人推迟离店,也要与客房部联系,检查能否满足其要求。若可以,接待员应开出推迟离店通知单,通知结账处、客房部等;若用房紧张,无法满足客人逾期离店要求,接待员则应主动耐心地向客人解释并设法为其联系其他住处,征得客人的谅解。如果客人不肯离开,接待员应立即通知市场营销部,为即将到店的客人另寻房间。如实在无房,只能为即将来店的临时预订客人联系其他酒店。处理这类问题的原则是,宁可让即将到店的客人住到别的酒店,也不能赶走已住店客人。

（三）部分信息客人不愿登记

有部分客人为减少麻烦、出于保密或为了显示自己特殊身份和地位等目的,住店时不愿登记或登记时有些项目不愿填写。此时,接待员应妥善处理。

(1) 耐心向客人解释填写住宿登记表的必要性。

(2) 若客人出于怕麻烦或填写有困难,则可代其填写,只要求客人签名确认即可。

(3) 若客人出于某种顾虑,担心住店期间被打扰,则可以告诉客人,酒店的计算机系统有请勿打扰功能,并通知有关接待人员,保证客人不被打扰。

（四）重复排房

重复排房是前厅部工作的重大失误。此时,应立即向客人道歉,承认属于工作的疏忽,并尽快重新安排客房。等房间安排好后,应由接待员或行李员带客人进房,并采取相应的补救措施。事后,应寻找发生问题的根源,如房间状态显示系统出错,则应与客房部联系,共同采取措施加以纠正。

同步案例

开重房之后

某晚八时,前厅部开重房,将刚出租的1311房又安排给了另一位住店客人李先生。客人进房后未发现已有人入住,于是将行李放下,并将大衣挂在衣橱内,然后去餐厅用餐。总台发现开重房后没有及时汇报,而是在餐厅找到李先生,告知将他的房间换至1511房并答应客人由行李员帮他把行李拿至1511房。然而行李员只拿了客人的行李,却将大衣留在了1311房,待第二天中午客人离店时发现大衣不见了,再去1311房寻找时已没有,原1311房客人也已离店。客人认为是酒店排房和换房的两次失误造成了大衣的遗失,于是向酒店投诉要求给予赔偿。

（资料来源:王秀红《前厅客房服务与管理》,北京理工大学出版社,2019年版,略有改动。）

（五）客人离店时，带走客房物品

酒店应明确告知客人客房内哪些物品是收费的，哪些物品是免费的。如果客人确实喜欢这件物品，应与客人协商让其购买该物品，而酒店不能无偿赠送。

（六）加床

客人要求加床，酒店要按规定为加床客人办理入住登记手续，并为其签发房卡，房卡中的房租为加床费，加床费转至住客付款账单上，需支付房费的住客签名确认。接待处将加床信息以加床通知单的形式通知相关部门。

任务二　问询服务

一、问询服务概述

问询服务是前厅部产品销售的配套服务，除回答客人问题、解决困难外，还提供代客留言服务，从而全面帮助客人、方便客人，使酒店服务更加完善，是体现酒店服务水平的重要方面。

（一）问询内容

1. 关于酒店内部的问询

有关酒店内部的问询通常涉及：
（1）餐厅、酒吧、商场所在的位置及营业时间。
（2）宴会、会议、展览会举办场所及时间。
（3）酒店提供的其他服务项目、营业时间及收费标准。

2. 关于店外情况的问询

有关店外情况的问询通常涉及：
（1）酒店所在城市的旅游景点及其交通情况。
（2）主要娱乐场所、商业区、商业机构、政府部门、大专院校及有关企业的位置和交通情况。
（3）近期有关大型文艺、体育活动的基本情况。
（4）市内交通情况。
（5）国际、国内航班飞行情况。

3. 关于住店客人的问询

关于住店客人的问询，应不触及客人的隐私。客人入住酒店时，尽管没有提出保密要求，但在访客询问时仍应保护客人的隐私权。问询员应先确认被查询的客人是否为住店客人,如是住店客人则应核对房号,然后打电话给客人,如客人在房内,则告知访客的姓名,征求客人意见,再将电话转进客房;如客人已外出,则要征询访客意见,是否需要留言。如客人不在房间,切不可将房间电话号码或房号告诉访客,更不可让其先行入房。

同步案例

没有告知客人的房号

一天,有两位本地客人来酒店总台,要求协助查找是否有一位叫董某某的香港客人在此入住,并希望能尽快见到他。

总台接待员立即进行查询,果然有一位叫董某某的住店客人,接待员立即接通了该客人的房间电话,但是长时间没有应答。接待员便礼貌地告诉来访客人,确实有位姓董的客人入住本酒店,但是此刻不在房间,接待员请两位客人在大堂休息等候,或留言总台,另行安排会面时间。

两位来访客人对接待员的答复并不满意,并一再声称他们与董先生是多年旧友,请服务员告诉他们董先生的房间号码。总台服务员礼貌而又耐心地向他们解释:"为保障住店客人的安全,本店有规定,在未征得住店客人同意时,不便将其房号告诉他人。"同时建议来访客人在总台给董先生留个便条,或随时与酒店总台联系,以便能及时与董先生取得联系。

两位本地客人闻言后便写了一封信,留下后离开了酒店。董先生回到酒店后,总台接待员将来访者留下的信交给了他,并说明:"为了安全起见,总台没有将您的房号告诉来访者,请董先生谅解。"董先生当即表示理解,并向接待员致以谢意。

(资料来源:王秀红《前厅客房服务与管理》,北京理工大学出版社,2019年版,略有改动。)

(二)问询处要备齐的信息资料

问询处应备齐如下信息资料。

(1)飞机、火车、轮船、汽车等交通工具的时刻表、价目表及里程表。

(2)地图:本地的政区图、交通图、旅游图,以及全省、全国地图乃至世界地图。

(3)电话号码簿:本市、全省乃至全国的电话号码簿,以及世界各主要城市的电话区号。

(4)各主要媒体、企业的网址。

(5)交通部门对购票、退票、行李质量及尺寸规格的规定。

(6)本酒店及其所属集团的宣传册。

(7)酒店当日活动安排,如宴会等。

(8)当地著名高等院校、学术研究机构的名称、地址及电话号码。

(9)本地主要娱乐场所的特色及地址和电话号码等。

二、客人留言服务

酒店受理的留言通常有两种类型:一种是访客留言,另一种是住客留言。对于留言传递的基本要求是迅速、准确。

(一)访客留言

访客留言是指来访客人对住店客人的留言。问询员在接受该留言时,应请访客填写一式三联的访客留言单(见图3-6),将被访者客房的留言灯打开,把填写好的访客留言单第一联放入钥匙邮件架内,第二联送至电话总机组,第三联交行李员送往客房。为此,客人可通过三种途径获知访客留言的内容。当了解到客人已得到留言内容后,问询员应及时关闭留言灯。晚班问询员应检查钥匙邮件架,如发现架内仍有留言单,则应立即检查该房间的留言灯是否已经关闭,如留言灯已关闭,则可将该架内的留言单作废;如留言灯仍未关闭,则应通过电话与客人联系,将访客留言内容通知客人;如客人不在酒店,则应继续开启留言灯并保留留言单,便于客人返回时及时看到。需要注意的是,留言具有一定的时效性,为确保留言单传递速度,有些酒店规定问询员要每隔一小时就通过电话通知客人,这样做的目的是让客人最迟也可在回酒店一小时之内得知留言内容,以确保万无一失。另外,为了对客人负责,若不能确认客人是否住在本酒店或虽然住在本酒店,但已经结账离店,问询员则不能接受对该客人的留言(除非客人事先有委托)。

```
                    VISITORS MESSAGE
女士或先生(MS.OR MR.)_____      房号(ROOM NO.)_____
当您外出时(WHEN YOU WERE OUT)
来访客人姓名(VISITOR'S NAME)_____  来访客人电话(VISITOR'S TEL.)
□有电话找您(TELEPHONED)              □将再来电话(WILL CALL AGAIN)
□请回电话(PLEASE CALL BACK)
□来访时您不在(CAME TO SEE YOU)       □将再来看您(WILL COME AGAIN)
留言(MESSAGE)_____
_____
_____
经手人(CLERK)_____  日期(DATE)_____  时间(TIME)_____
```

图3-6 访客留言单

(二)住客留言

住客留言是住店客人给来访客人的留言。客人离开客房或酒店时,希望给来访者留言,问询员应请客人填写住客留言单(见图3-7),一式两联,问询处与总机各保存一联。若客人来访,问询员或话务员可将留言内容转告来访者。由于住客留言单已注明了留言内容的有效时间,若错过了有效时间,仍未接到留言者新的通知,可将留言单作废。此外,为确保留言内容的准确性,尤其在受理电话留言时,应注意掌握留言要点,做好记录,并向住客复述一遍,以得到对方确认。

```
┌─────────────────────────────────────────────────────────────┐
│                      GUESTS MESSAGE                         │
│  日期( DATE )_____                                      │
│  至( TO )_____                    房号( ROOM NO. )_____ │
│  由( FROM OF )_____                                     │
│  我将在( I WILL BE )           □酒店内( INSIDE THE HOTEL )    │
│                                在( AT )_____            │
│                                □酒店外( OUTSIDE THE HOTEL )  │
│                                在( AT )_____            │
│                                电话( TEL.NO. )_____     │
│  我将于_____ 回店( I WILL BE BACK AT )_____            │
│  留言( MESSAGE )_____                                   │
│  _____          │
│  经手人( CLERK )_____       客人签字( GUEST SIGNATURE )_____ │
└─────────────────────────────────────────────────────────────┘
```

图 3-7　住客留言单

任务三　收银服务

收银服务是前厅收银处的主要工作内容,收银处的隶属关系视酒店情况而定,通常隶属于前厅部,有的酒店的收银处也直接归属于酒店财务部。在酒店经营业务中,收银工作是确保酒店经济收益的关键环节。结账业务是客人离店以前所接受的最后一项服务,要做到既准确又迅速。

一、客账服务

客账服务工作的好坏,直接影响酒店的经济效益,要求做到建账准确、转账迅速、记账无误、结账快捷。

（一）建账

在客人办理完入住登记手续后,总台接待员应根据入住登记表和预订单有关内容,按不同客人类型制作相应的账单,并连同登记表(账务联)立即送交收银处。总台收银处接到接待员开具的客人账单后,按照不同类型账单予以核收并建账。

（二）记账

客人可能在酒店的各个部门消费。为了方便客人结账，可以把各部门账单归总到客人的账户来统一结账，这就需要收银员及时记账。

（1）客人在店期间所发生的费用，要分门别类地按房号设立的分户账准确记录各项费用，如客人应自付款项中的直拨电话费、洗衣费、传真费、餐饮费、健身娱乐费等。

（2）客人支付的预订金、预付款、转记其他客人分户账及应收账款，应分门别类地准确记录。

（3）酒店各营业点传来的各种账单（凭证），要逐项核准项目、单位名称、金额、日期、客人姓名、房号、客人签名及经手人签名等。

（4）将核准的账单（凭证）内容分别记入分户账或总账单内。注意将结账时要交给客人的单据与分户账单收存在账夹内，其他单据按部门划分存收，交稽核组复核。

（三）退房结账程序

1. 散客离店结账的工作程序

散客离店结账的工作程序如下：

（1）收银员根据每日的客人离店预报表事先做好准备工作。

（2）客人离店结账时，收银员应主动问好，礼貌地询问客人的姓名、房号，调出客人账单，并重复客人的姓名，以防出错，同时收回客房钥匙。

（3）通知客房服务中心或楼层服务台检查客房状况，包括客人物品有无遗忘，房间物品有无损失，房间小酒吧有无消费等。

（4）打印账单交予客人核对，确认无误后，在账单上签字，并付账。

（5）若以现金付账，应核对客人入住登记时缴纳的预订金数额，多退少补。

（6）若以信用卡付账，此卡应在入住登记时经过核验，如检查信用卡的整体状况是否完整无缺，有无任何挖补、涂改的痕迹；检查防伪反光标记的状况；检查信用卡号码是否有改动的痕迹；确保信用卡的有效性、通用性、真实性，并核对"黑名单"，结账时要核对信用卡号码、有效期及签字。

（7）若以转账方式付款，一般在订房时已经确认，请客人在账单上签字即可，如果客人结账时临时提出转账的要求，应交由收银处主管负责处理。

（8）如果客人用支票结算，则要注意检查支票的真伪。注意辨别哪些银行已发出通知停止使用的旧版转账支票；检查支票是否过期，金额是否超过限额；检查支票上的印鉴是否清楚完整；在支票背面请客人留下联系电话和地址，并请客人签名，如有怀疑请及时与出票单位联系核实，必要时请当班主管人员解决。

（9）结账结束后，收银员应向客人表示感谢，欢迎客人再次光临，并祝旅途愉快。

（10）做好收尾工作，例如房态改变后，在客人离店预报表中去掉其姓名等。

2. 团队离店结账的工作程序

团队离店结账的工作程序如下：

（1）团队离店前一天，应准备好总账（主要是房费、餐费）和分账（主要是个人的长途电话费、洗衣费、客房小酒吧消费等）。

(2）团队结账前半小时做好结账的准备工作，一一核对账目，算好总账和分账。

(3）团队结账时，应主动、热情问好，请领队协助收回全部房卡。

(4）由领队确认账单，请其在总账上签名。分账由各客人确认，并分别签名。

(5）付账时，如团队与酒店有合同关系，在账单上签字确认即可，否则应在团队到达前预付或离店时现付。凡不允许挂账的旅行社，其团队费用一律到店前现付。团队陪同无权私自将未经旅行社认可的账目转由旅行社支付。分账应由各有关客人现付。收银员应保证在任何情况下，不得将团队房价泄露给客人，如客人要求自付房费，则应按当日门市价收取。

(6）应注意及时检查团队房间，以及避免错账、漏账的发生。

(7）结账结束后，收银员应向客人表示感谢，欢迎客人再次光临，并祝旅途愉快。

(8）做好收尾工作。

（四）特殊情况的处理

1．住店客人的欠款不断增加

有些客人在住店期间所交的押金已经用完，或者有的客人入住酒店以后长期没有决定结账的日期，但是他所欠的酒店账款在不断上升，在这种情况下，为了防止客人逃账或引起其他不必要的麻烦，必要时可通知客人前来付账。催促客人付账时，要注意方式、方法、语言艺术，可以用电话通知，也可使用通知书，将客人的房号、姓名、金额、日期等填好后装入信封转交客人。客人见该通知书后一般会主动付款，如客人拒付，应及时处理。

2．过了结账时间仍未结账

如果过了结账时间（一般为当天中午 12：00）客人仍未结账，应催促客人，如超过时间，则应加收房费（15：00 以前结账者，加收一天房费的 1/3；15：00—18：00 结账的，加收一天房费的 1/2；18：00 以后结账的，则可加收全天房费）。

3．一位客人的账单由另一位客人支付

客人甲的账由客人乙支付，如客人甲已经先行离去，这时候往往容易发生漏收的情况，这会给酒店带来经济损失。为了防止出现这类情况，应在交接记录上注明，并附纸条分别贴在两位客人的账单上。

4．客人结账后，没有交回房卡

处理这种情况的程序如下：

（1）如果客人结账后返回房间，酒店可以马上到房间找回房卡。

（2）如果客人已经结账离店，应马上通知客房部检查客房，以免客人将房卡留在客房内；如果客人把房卡带走，酒店则可以通过设置启用时间将房卡作废。

5．客人在结账时才提出要折扣优惠，而且符合优惠条件

遇到这种情况时，收银员应填写一份退账通知书（一式两联，第一联交至财务，第二联留收银处），然后要由前厅部经理签名认可，并要注明原因，最后在计算机上将差额做退账处理。

二、外币兑换服务

外币兑换员需要经过中国银行专业培训,具有鉴别各国货币和真假纸钞的能力,有些地方还要求持证上岗。目前已有很多酒店可直接收取外币,外币兑换服务相应简化。

(一) 外币现钞兑换

(1) 当客人前来办理外币兑换时,先询问其所持外币的种类,看是否属于酒店兑换的范围。

(2) 礼貌地告诉客人当天的汇率及酒店一次兑换的限额。

(3) 认真清点外币,并检验外币的真伪。

(4) 请客人出示护照和房卡,确认其住客身份。

(5) 填制外币兑换水单(见图3-8),内容包括外币种类及其金额、汇率、折算成人民币金额、客人姓名及房号、日期等。

```
FOREIGN EXCHANGE VOUCHER
外币兑换水单
```

GUEST NAME 客人姓名:			
ROOM NO. 房号:		DATE 日期:	
CURRENCY TYPE 外币种类	AMOUNT 金额	EXCHANGE RATE 汇率	RMB 人民币
GUEST SIGNATURE 客人签名: CASHIER SIGNATURE 收银员签名:		TOTAL 合计:	

图3-8 外币兑换水单

(6) 客人在水单上签名,并核对房卡、护照与水单上的签字是否相符。

(7) 清点人民币现金,将护照、现金及水单的第一联交给客人,请客人清点。

(二) 外汇旅行支票兑换

旅行支票是银行或大型旅行社专门发行的一种定额支票,旅游者购买这种支票后,可在发行银行的国外分支机构或代理机构凭票付款。旅游者在购买旅行支票时,需要当面在出票机构签字,作为预留印鉴。旅游者在支取旅行支票时,还必须在付款机构当面签字,以便与预留印鉴核对,避免冒领。

（1）了解客人所持旅行支票的币别、金额和支付范围，以及是否属于酒店的收兑范围，并告知是日估算价。

（2）必须与客人的旅行支票进行核对，对其真伪、挂失等情况进行识别，清点数额。

（3）请客人出示房卡与护照，确认其住店客人身份，请客人在支票的指定位置当面复签，然后核对支票初签和复签是否相符，支票上的签名是否与证件的签名一致。

（4）外币种类及数量、汇率、应兑金额、有效证件（护照）号码、国籍和支票号码等，应填写在外币兑换水单的相应栏目内。

（5）请客人在水单的指定位置签名，并注明房号。

（6）按当天汇率准确换算，扣除贴息支付数额。

（7）在持票人兑换支票时，收银员应让其出示有效证件，核查证件上的相片是否为客人本人，再查看支票上的签名是否与证件上的签名一致，然后在兑换水单上摘抄其支票号码、持票人的证件号码、国籍，并在旅行支票的背面记上客人的证件号码。

三、贵重物品保管服务

酒店通常为客人提供客用安全保管箱，供客人免费寄存贵重物品。小保管箱的数量，一般按酒店客房数的15%—20%来配备，若酒店的常住客和商务散客比较多，可适当增加保管箱的数量。客用安全保管箱通常放置在总台收银处后面或旁边的一间僻静的房间内，由收银员负责此项服务工作。保管箱的每个箱子有两把钥匙，一把由收银员负责保管，另一把由客人亲自保管，只有这两把钥匙同时使用，才能打开和锁上保管箱。

保管箱的启用、中途开箱、退箱，一定要严格按照酒店规定的操作程序进行，并认真填写有关保管记录，以确保客人贵重物品的安全，防止各种意外事故的发生。

（一）客用保管箱启用

1．询问确认

收银员应主动问清客人的保管要求；请客人出示房卡，确认其是否为住店客人。只有住店客人才能免费使用贵重物品保管箱。

2．填单签名

收银员应请客人填写贵重物品寄存单，并请客人签名确认，然后在计算机上查看房号与客人填写的资料是否一致。

3．存放物品

收银员应根据客人要求，选择相应规格的保管箱，介绍使用须知和注意事项，将箱号记录在寄存单上，打开保管箱，请客人存放物品，并回避在一旁。

4．交付钥匙

客人将物品放好后，收银员应当面锁上箱门，向客人确认已锁好；取下钥匙，一把给客人，另一把由收银员保管。提醒客人妥善保管钥匙，向客人道别。

5．记录存档

收银员应在保管箱使用登记本上记录各项内容，并将贵重物品寄存单存档。贵重物品寄存单(见图3-9)一式两联,第一联为存根,第二联交客人作为取物凭证。

```
                                          保管箱号_____
姓名_____    房号_____    日期_____
住址_____
兹收到保管箱钥匙编号_____并同时声明使用保管箱要遵照:
(1)保管箱只是供给本酒店客人免费使用。
(2)如客人钥匙丢失,经客人同意后可硬性打开保管箱,但客人需赔偿钥匙丢失费,至少为人民币800元。
(3)若退房后14天内不能交回以上号码的保管箱钥匙,本人等于在这里授权本酒店可以破开上述保管箱,而不需付任何责任。
签名(1)                                         签名(2)
日期_____  使用人签名_____  经手人_____  时间_____
本人已交回保管箱钥匙_____号,并声明已取回所有存放在保管箱的物品。
日    期_____
经 手 人_____
客人签名_____
```

图3-9　贵重物品寄存单

(二)中途开箱

客人在住店期间,由于种种原因可能会多次要求打开总台保管箱取出寄存的物品或增加寄存物品,总台收银员应该严格按照中途开箱的流程进行服务。客房内的保险箱(也称保管箱)一般由客人自己启用,收银员只要给予相应的指导即可。

1. 核对开启

客人要求开启保管箱时,收银员应礼貌迎接,核准钥匙、房卡及客人的签名;当面同时使用总钥匙和该箱钥匙开启。

2. 签名记录

客人使用完毕后,收银员应按照启用保管箱的要求,将保管箱锁上,并请客人在寄存单相关栏内签名,记录开启日期及时间;最后由收银员核对、确认并签名。

(三)客人退箱

客人使用完保管箱后,会要求取出箱内的物品,此时,收银员也应该按照相关程序进行严格的操作。

1. 取出物品

收银员应礼貌地接待客人并取出物品;取出物品后,收银员请客人交回钥匙。

2. 请客人签名

收银员应请客人在寄存单相应栏内签名;记录退箱日期和时间。

3. 记录、道别

收银员应在客用保管箱使用登记本上记录该箱的退箱日期、时间、经手人签名等内容,并向客人致谢和道别。

四、收银处夜审

夜审员主要由收银处夜间工作人员承担,其主要职责是进行营业情况的总结与统计工作,进行酒店的内部控制及向管理层及时反馈酒店每日的经营状况。在小型酒店,夜审员往往身兼数职,除夜间稽核的工作外,还同时承担前厅部的夜班值班经理、总台接待员和出纳员等工作,接受前厅部和财务部的双重领导。

(一) 夜审员的岗位职责

夜审员的岗位职责如下:
(1) 核对各收款机清机报告。
(2) 审核当天各班次收银员送审的账单、原始单,核查数据是否准确,并核对该班次营业报表。
(3) 核对餐厅、客房的账目及其他挂账数与报表金额是否一致,是否按有关规定或协议执行。
(4) 核查各班组送审的转账单据所列单位有无串户。
(5) 核查总台开房组输入计算机的房价是否正确。
(6) 复核各类统计表的数据,核实是否与收款员输入计算机的数据一致,并负责跟踪。
(7) 将当日酒店各个营业点的营业收入过账。
(8) 根据各营业点的经营情况,制作当天全酒店营业日报表,并在次日早上 9:00 前呈送财务经理和总经理。
(9) 对每天稽查出的问题和未按规定办理的内容和数据,撰写详细的稽核报告,及时向上级领导汇报。
(10) 负责保管各班组的营业日报表及其附件单据。
(11) 负责保管各种票据及收发领用工作。
(12) 负责夜间总台收银工作。

(二) 夜审工作的程序

1. 检查前厅收款处工作

夜审员上班后首先要接管收银员的工作,做好工作交接和钱物清点工作,然后对全天收银工作进行检查,具体如下:
(1) 检查收款台上是否有各部门送来的尚未输入的客人账户单据,如有,则立即进行单据输入,并进行分类归档。
(2) 检查收银员是否交来全部收款报表和账单。
(3) 检查每张账单,看房租和客人的消费是否全部入账,转账和挂账是否符合制度手续。
(4) 将各类账单的金额与收款报告中的有关项目进行核对,检查是否相符。

2. 核对客房出租单据

核对客房出租单据的具体工作如下:

(1)打印整理出一份当天客人租用明细表,内容包括房号、账号、客人姓名、房租、抵离日期、结算方式等。

(2)核对客人租用明细表的内容与收款处各个房间记账卡内的登记表、账单是否存在差错。

(3)确定并调整房态。

3. 房租过账

经过上述工作,确认无误后,夜审员通过计算机过账功能将新一天的房租自动记录到各住客的账户中,或者手工录入房租。房租过账后,编制一份房租过账表,并检查各个出租客房过入的房租及其服务费的数额是否正确。

4. 对当天客房收益进行试算

为确保计算机的数据资料正确无误,有必要在当天收益全部输入计算机后和当天收益最后结账前,对计算机中的数据进行一次全面的查验,这种查验称为"试算"。试算分三步进行:①输入指令使计算机编印当天客房收益的试算表,内容包括借方、贷方和余额三部分;②把当天收款员及营业点交来的账单、报表按试算表中的项目分别加以结算汇总,然后分项检查试算表中的数额与账单、报表是否相符;③将试算表中的余额与住客明细表中的余额进行核对,如果不等,则说明出现问题,应立即检查。

5. 编制当天客房收益终结表

客房收益终结表也称结账表,是当天全部收益活动的最后集中反映。此表一旦编制出来,当天的收益活动便告结束,全部账项即告关闭。如果在打印终结表后再输入数据,那么只能输入下一个工作日的。

6. 编制借贷总结表

借贷总结表也称会计分录总结表,是根据客房收益终结表编制的,是列示当天客房收益分配到各个会计账户的总表。编制完借贷总结表后,夜审工作结束。

  即学即测

1. 为什么要办理入住登记手续?
2. 散客入住登记和团队入住登记的差异在哪里?
3. 排房的先后顺序有哪些要求?
4. 问询员要掌握哪些信息?

  实战训练

一、实训要求

(1)熟悉酒店客房状态,掌握排房技巧。

(2)掌握前厅入住登记的基本程序,并熟练各种表单的填写。

(3)掌握前厅客人结账服务的基本程序,并学会制作客人消费账单、开取发票等。

二、实训项目

1. 前厅入住登记模拟操作

任务实施：

（1）分组设置散客入住情景，事先设计好入住登记单、押金收据单等。

（2）让学生在练习中熟悉入住登记的流程，并在模拟练习中掌握客房类型、房价、房态图等，学会填写客人入住登记单、换房通知单等。

（3）由教师现场指导实操，并检查学生服务流程是否规范，各类表单是否填写准确。

2. 前厅收银模拟操作

任务实施：

（1）分组设置散客退房收银情景，事先准备好账单收据等。

（2）让学生在练习中熟悉退房收银工作流程，并在模拟练习中掌握退房收银程序，学会制作客人消费账单、开取发票等。

（3）由教师现场指导实操，并检查学生服务流程是否规范，各类表单是否填写准确。

记住客人的姓名

一位客人在总台结账高峰时进店，服务人员准确地称呼道："李教授，您好！总台有您的一通电话。"这位客人又惊又喜，感觉自己受到了重视，不禁充满自豪感。另一位外国客人第一次住店，服务人员从登记卡上看到客人的名字，迅速用姓氏称呼他并表示欢迎，客人先是一惊，而后作客他乡的陌生感顿时消失，显出非常高兴的样子。简单的问候迅速缩短了彼此间的距离。

（资料来源：根据相关资料整理。）

思考讨论：

为什么酒店提倡用客人的名字称呼他们？

案例评析：

社会心理学家马斯洛的需求层次理论认为，得到社会的尊重是人们的较高需求。自己的名字被他人知晓就是对此需求的一种满足。在酒店工作中，主动热情地称呼客人的名字是一种服务的艺术，也是一种艺术的服务。酒店前厅服务人员尽力记住客人的房号、姓名和特征，并借助敏锐的观察力和良好的记忆力，为客人提供细心周到的服务，可以给客人留下深刻的印象。客人今后在不同的场合也会提起该酒店的优质服务，相当于酒店的义务宣传员。

项目四
前厅其他服务

项目目标

知识目标
1. 熟悉礼宾部服务规程。
2. 了解总机服务内容和注意事项。
3. 了解商务中心服务流程和要求。
4. 了解酒店"金钥匙"服务内涵。

能力目标
1. 能够熟练地按服务规程为客人提供礼宾服务。
2. 能够熟练为客人提供电话转接、问询、叫早等服务。
3. 能够熟练提供打印、复印、传真、翻译、票务等商务服务。

素质目标
1. 具备合格的前厅部礼宾员、话务员、商务服务员素质。
2. 具备较强的综合素质,有较强处理问题能力。
3. 具有良好的团队合作意识。

思维导图

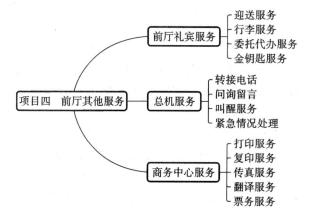

任务一 前厅礼宾服务

通常酒店前厅礼宾部下设门童、行李员、驻机场代表等岗位,为客人提供迎送服务、行李服务和委托代办服务。他们是最先迎接和最后送别客人的服务群体,是酒店形象的代表,因此,做好前厅礼宾服务,提高礼宾服务质量至关重要。

一、迎送服务

迎送服务是指酒店为住店客人提供的迎接与欢送服务,其主要包括店内迎送服务和店外迎送服务两个部分。

(一)店内迎送服务

店内迎送服务是指当客人抵达和离开酒店时,酒店门童为其提供的迎接与送别服务。

1. 散客抵店迎接服务

当散客乘车抵店时,门童需在车辆驶入酒店入口通道的第一时间做出反应。门童应指挥调度车辆,并把车辆引导到酒店正门前的台阶下方。待汽车停稳后,门童应视车内乘客情况为客人开车门、护顶、请客人下车。然后主动向客人问好,若是常客或贵宾,还应以客人姓氏和职务称呼客人。接着礼貌询问客人有无行李,如有则帮助客人卸下行李,并提醒客人清点、确认。另外,门童应注意招呼行李员前来为客人搬运行李,引领客人进店。若酒店门前没有华盖,又遇雨雪天气时,门童还应提前为客人撑好雨伞,并摆放醒目的标志牌或以口头形式提醒客人小心地滑。如果客人乘坐出租车到达酒店,门童则应及时记下出租车的车牌号码和客人抵店时间,以备核查。

2. 散客离店送行服务

当客人步行离店时,门童应礼貌向客人道别,并祝福和期待客人下次光临,然后目送客人离开。如果客人需要出租车,门童应立即为客人安排车辆,并将客人的用车召唤至酒店大门前。待车辆停稳后,门童应协助行李员将客人的行李按客人要求装车放好,并注意提醒客人核对行李件数。然后为客人拉开车门,并请客人上车,待客人坐好后,轻轻关好车门,并注意关车门时不要夹伤客人的手脚或夹住客人的衣裙。接着及时向客人祝福和道别,当汽车驶离酒店大门时,迅速向客人挥手告别,并目送客人离开酒店。在客人离开后,门童应及时记下出租车车牌号和客人离店时间,以备需要时核查。

3. 团队客人抵店迎接服务

当团队客人乘车抵店时,门童应迅速上前引导,使客车停靠在酒店门前开阔处。然后站立于车门一侧,对下车的客人致意问好,以示欢迎,并维持好酒店门前的交通秩序。遇客人行动不便或手中行李较多时,还应积极上前搀扶或帮助客人提拿行李。当客人全部下车后,门童应迅速引导驾驶员将客车开走或停到停车场合适位置。另外,门童还应注意与酒店行李员配合,协助行李员做好行李交接工作。

4. 团队离店送行服务

当团队客人准备离店时,门童应迅速上前引导,使团队客车停放在酒店门前开阔处,然后站立于车门一侧,向上车的客人送出祝福并道别,注意维持好门前交通秩序。如客人行动不便或提拿行李较多,门童应积极上前帮助。此外,门童还应注意与酒店行李员配合,协助行李员做好行李交接工作,帮助行李装车。待团队客人出发时,向客人挥手告别,并目送客人离开酒店。

(二)店外迎送服务

店外迎送服务是店内迎送服务的延伸,即酒店驻机场代表在机场、车站、码头等处代表酒店迎接抵店客人,欢送离店客人,并为其提供市内交通和行李服务,以及登机、上车等协助服务。为了方便店外迎送,有的酒店直接在机场、车站、码头设点,安排酒店代表接送抵店和离店客人。在机场、车站、码头设点的酒店,一般都有固定的办公地点,设置明显的接待标志,如店名、店徽及星级等。通常酒店代表除迎接预订客人外,还需积极向未订房的客人推销酒店客房及其他产品,主动为客人介绍酒店设施与服务,以争取更多的客源。因此,店外迎送服务既是酒店设立的一种配套服务,又是酒店根据自己的市场定位所做的一项促销工作。

酒店代表是酒店形象的代表,其仪容仪表、言谈举止、服务礼仪、工作效率直接影响着客人对酒店的评价。因此,酒店代表每天必须提前了解预期抵离店客人名单,落实接送车辆,并做好各项准备工作,在任何情况下都应准时到达指定地点,提前恭候并热情迎送抵离店客人。尤其是在接站时,酒店代表必须提前半小时到站恭候,在机场(车站)出站口显眼处举牌迎接客人,向客人表示欢迎,并帮助客人提拿行李,引领客人上车。客人上车后,马上电话通知总台接待处做好接待准备工作,如属贵宾还应及时通知大堂副理,请其安排准备相关迎接工作。如果出现漏接现象,则应立即与酒店总台联系,核查客人是否已经到店,并向上级汇报情况,以便采取补救措施。

(三)贵宾迎送服务

贵宾迎送服务是给下榻酒店的贵宾的一种礼遇,在迎送接待时要特别用心,一般大堂副理会根据预订处发出的接待通知和贵宾的级别,组织相关酒店行政人员或迎送团队在酒店门前或机场、车站、码头迎送客人。酒店门童更应做好充分的准备,讲究服务礼仪,在向贵宾致意时要礼貌地称呼其姓氏和职务头衔。遇到重要外宾时,还要做好升降该国国旗、中国国旗和店旗的准备工作。

二、行李服务

行李服务是礼宾部日常服务的重要内容,主要包括行李搬运服务和行李寄存保管服务。做好行李服务,首先,行李员需要认真查阅当日预期抵离店客人名单,了解并掌握当日客人的进出店情况,尤其是了解当日贵宾和团队客人抵店和离店情况,以便做好充分的准备工作。

（一）散客行李服务

1. 散客进店行李服务程序

（1）散客抵店时，行李员应及时上前问候客人，主动帮助客人提拿行李。

（2）在确认客人是来店住宿时，行李员应引领客人到总台接待处办理入住登记手续。

（3）在客人办理入住登记手续时，行李员应关注客人入住登记手续的办理进程。

（4）在客人办完入住登记手续后，行李员应主动上前从总台接待员手中领取房卡钥匙，并引领客人至房间。

（5）乘坐电梯时，行李员应主动为客人提供电梯服务。

（6）到达楼层走廊时，行李员应引领客人并随时关注客人是否跟上，遇有拐弯时应先向客人示意。

（7）到达客房门口时，行李员应先敲门自报身份，然后打开房门。这样不仅是对客人的尊重，还可以有效避免因接待处重复排房而造成的种种不便。

（8）打开房门后，行李员应确认是清洁的空房再礼貌地请客人先进。进房后，行李员应将客人的行李放在行李架上或客人吩咐的地方，然后简要介绍房间的设施设备。在客人没有其他服务要求时，行李员应礼貌地向客人道别，祝客人住店愉快，然后返回工作岗位填写散客行李进店登记表（见图 4-1）。

房号 Room Number	进店时间 Up Time	行李件数 Pieces	行李员 Bell man	车号 Car Number	备注 Remarks

图 4-1 散客行李进店登记表

行李丢失，谁来承担？

某日，两位客人乘坐出租车到达某酒店门前，酒店门童立即为客人打开车门，行李员则立即上前帮助客人卸行李。行李员见客人的两个行李箱较沉，需使用行李车搬运，便礼貌地对客人说："请你们先到总台办理入住手续吧，待会儿我会把行李送到你们的房间里。"说完便去推行李车了。于是，客人便去总台办理了入住登记手续。客人刚到房间5分钟，行李员就将两个行李箱送到了客人房间，可客人却说还有一件行李为何没有送来。原来，客人所说的还有一件行李是一个装满中药材的麻袋。客人还说麻袋是和行李箱放在一起的。

分析：案例中门童和行李员因疏忽大意，不遵守服务规范提醒客人核对行李，造成了客人行李丢失，值得反思。第一，门童和行李员在为客人取行李时，一定要仔细检查。第二,取出行李后,一定要请客人确认行李件数,看是否齐全。待客人确认后,再给驾驶员放行。这样就能避免将客人一些小件物品和一些容易被忽视的物品遗留在车上。

(资料来源:王秀红《前厅客房服务与管理》,北京理工大学出版社,2019年版,略有改动。)

2. 散客离店行李服务程序

(1)发现客人携带行李出店时,行李员应主动上前问好并帮助客人提拿行李,送客人上车,注意行李装车前应请客人清点、核对清楚。

(2)当接到离店客人需搬运行李的通知时,行李员要问清客人的房号、行李件数、行李搬运时间,以及是否需要捆扎,然后按指定时间到房间收取行李。

(3)进房时,行李员应先按门铃或敲门,然后自报身份,征得客人同意后再进入房间协助客人收拾行李。在收取行李时,要注意与客人核对行李件数,检查行李有无破损。如有易碎物品,还应贴上易碎物品标志,注意轻拿轻放。

(4)行李员应礼貌询问客人是否直接离店,如客人暂不离店,则按要求填写行李寄存单,寄存客人行李,并把行李寄存单的下联交给客人作为取物凭证。然后礼貌向客人道别,将行李送至行李房寄存保管。随后客人来提取行李时,按规定程序收回核对行李寄存单确认无误后,再将行李转交给客人。

(5)如客人直接离店,行李员则应提好行李跟随客人离开房间,主动为客人按电梯,提供电梯服务,并引领客人到前台收银处办理结账退房手续。

(6)待客人办完离店结账手续后,行李员应送客人离店,同时注意行李装车前再次提醒客人核对行李件数。客人离店时,礼貌地向客人道别,祝客人旅途愉快,并适时向客人挥手告别,目送客人离店。

(7)迅速返回工作岗位,填写散客行李出店登记表(见图4-2)。

房号 Room Number	出店时间 Depart Time	行李件数 Pieces	行李员 Bellman	车号 Car Number	备注 Remarks

图 4-2 散客行李出店登记表

(二)团队客人行李服务

1. 团队客人进店行李服务程序

(1)接到团队客人接待通知书后,进一步确认团队及行李到达时间,安排具体人员负责团队行李进店服务。

(2)团队行李到店时,行李员应先帮忙卸下团队客人行李,再与行李押运员交接行李,清点行李件数,检查行李有无破损,按规定程序办理签收手续,填写团队行李(进店/出店)登记表(见图4-3)时,如发现行李破损或缺失,应由行李押运单位负责,需请行李

团队名称					人数	
抵店日期			离店日期			
进店	行李押运员		酒店行李员		领队签字	
出店	行李押运员		酒店行李员		领队签字	
行李进店时间		车号	行李收取时间		行李出店时间	车号
房号	行李箱		行李包		其他	备注
	进店	出店	进店	出店	进店	出店

进店： 出店：
行李主管：_____ 行李主管：_____
日期：_____ 日期：_____

图 4-3　团队行李（进店/出店）登记表

押运员签字证明，并通知陪同及领队。如行李随团到达，则还应请领队确认签字。

（3）当多个团队行李同时抵店或客人行李不能及时分送时，应将行李集中放置在指定的地点，标上团号，然后用行李网将行李罩起来，注意不同团队的行李之间应留有适当间隙。

（4）在每件行李上挂好酒店的行李标签，然后根据接待处提供的团队分房表，在每张行李标签上填好客人房号，并在团队行李（进店/出店）登记表上注明每间房间的行李类别及件数，以便随后分送至房间和客人离店时进行核对。如果某件行李上没有客人姓名，则把该行李暂放旁边，并在行李标签上注明团号及进店时间，然后将其放到行李房储存备查，并尽快与领队或陪同联系，确定物主后尽快送至客人房间。

（5）将填好房号的行李装车，按房号分送至房间。行李装车时应遵循"同团同车、同层同车、同侧同车、同房同车"的基本原则，同时注意"硬件在下、软件在上，大件在下、小件在上"的原则，尤其应注意标有"请勿倒置"字样的行李。

（6）行李分送完毕后，行李员应迅速返回工作岗位，做好相关记录和资料存档。

2. 团队客人离店行李服务程序

（1）行李员应根据团队客人离店时间，做好行李收取工作安排，一般应提前一天与领队、导游或接待处联系，确认团队客人离店时间及收取行李时间。

（2）行李员应在规定的时间内依照团号、团名及房间号依次到房间收取行李。

（3）收取行李时，行李员应从走廊的尽头开始，以避免漏收和走回头路。如果有客人此时不在房间，则要做好记录，等客人回来后再来收取行李，切忌私自进房收取行李。另外，要认真核对每间客房的进店行李件数和出店行李件数是否一致。如不相符，应礼貌地询问客人，及时查明原因。

（4）行李员应将所有行李汇集起来，再次核对并用行李网罩起来，严加看管，以防丢失。

（5）行李员应与团队行李押运员、领队或陪同一起检查、核对行李件数，做好行李交接手续，认真填写团队行李（进店/出店）登记表，并请团队行李押运员和领队签字确认。协助团队行李押运员将行李装车，并将相关资料存档。

（三）行李寄存保管服务

由于各种原因，许多住店客人经常需要将一些行李暂时予以寄存。对此，酒店礼宾部开设了专门的行李房，建立了规范的管理制度，制定了科学的寄存手续，以方便客人存取行李，保证行李安全。

1. 行李寄存的范围与要求

行李寄存的范围与要求如下：

（1）不得寄存易燃易爆和有腐蚀性的物品。

（2）不接受寄存易碎物品和易腐烂、易变质的食品。如客人坚持要求存放，则须向客人说明酒店不承担赔偿责任，并做好相应记录，同时在易碎物品上挂好"小心轻放"的标牌。

（3）不接受寄存现金、金银首饰、珠宝、玉器等贵重物品及护照等身份证件。如遇上述物品应礼貌地请客人自行保管，或存放到总台收银处的保管箱内（住店客人可免费使用）。

（4）不接受各种宠物寄存，一般酒店也不接受带宠物的客人入住。

（5）如发现枪支弹药、毒品等危险品，要及时报告保安部和大堂副理，并注意保护现场，防止意外情况发生。

（6）提醒客人将行李上锁，对未上锁的小件行李须当面用封条封好。

2. 行李寄存服务基本程序

行李寄存服务的基本程序如下：

（1）客人前来寄存行李时，应热情接待。

（2）向客人了解寄存物品的具体情况，确认其属于酒店行李寄存范围。

（3）礼貌询问客人姓名、房号及提取日期，提醒客人将行李上锁，并认真检查行李件数及有无破损，如有破损需及时向客人说明。

（4）认真填写行李寄存单（见图4-4），并请客人签名确认。

行李寄存单					
				NO.	
客人姓名			房号		
寄存日期			领取日期		
行李件数	行李箱		行李包		其他
宾客签名			经办人		

图4-4　行李寄存单

（5）按客人寄存时间长短合理摆放行李。

（6）及时在行李寄存记录本上进行登记，注明寄存行李件数、存放位置及存取日期等基本情况。

（7）非住店客人要求寄存行李时，需经当班主管或领班同意，并按规定收取相应保管费用。

3. 行李领取服务基本程序

行李领取服务的基本程序如下：

（1）当客人前来领取行李时，微笑相迎，礼貌问好，热情接待。

（2）请客人出示行李寄存单下联，并请客人当场在下联上签名，同时适当询问寄存行李的颜色、大小、形状、件数、存放时间等信息，以便查找核对。

（3）收回行李寄存单下联，按行李寄存单编号查找行李，并核对上下联客人签名笔迹和编号是否一致，如一致则将行李转交给客人。

（4）将行李寄存单上下联订在一起存档，并及时在行李寄存记录本上做好注销登记。

（5）如果客人遗失了行李寄存单下联，则请客人说明寄存行李的件数和特征，并请客人出示房卡和有效身份证件，提供签名笔迹，然后查阅行李寄存记录本，核对寄存内容和客人签名笔迹是否一致，在确认无误后再将行李转交给客人。同时，应注意复印客人的有效身份证件，请客人在领取行李收条上签名确认。客人离开后，将其有效身份证件复印件、领取收条和行李寄存单的上联（注明下联丢失）订在一起存档，并在行李寄存记录本上做好注销登记。

三、委托代办服务

委托代办服务即酒店礼宾部在做好日常服务工作的前提下，在力所能及的范围内，按照客人要求帮助客人处理各项委托事宜。通常，酒店为做好委托代办服务会制定完善的委托代办服务规程、管理办法和收费制度。

（一）递送转交服务

递送转交服务既可以替住店客人转交物品给来访客人，又可以替来访客人转交物品给住店客人，还可以替住店客人办理各种邮递服务。

当住店客人要求转交物品时，应礼貌地请客人将接收人姓名、单位或住址写清楚，并请住店客人通知接收人携带有效身份证件前来提取，并及时在工作记录本上做好登记。当接收人前来提取物品时，应礼貌地请其出示有效身份证件，报出原转交人的姓名、物品名称及件数，然后查看工作记录，核对无误后，将相应物品转交给接收人。同时，复印接收人有效身份证件，并请接收人在转交物品领取收条上签名确认。接收人离开后，将其有效证件复印件、转交物品领取收条订在一起存档，并在工作记录本上做好注销登记。

当来访客人要求转交物品给住店客人时，须认真核对物品接收人是否为住店客人，然后仔细检查转交物品，确保安全后，当面将转交物品密封妥当，并请来访客人留下姓名和联系方式。来访客人离开后,通过留言方式及时通知住店客人前来领取转交物品。

当客人需要办理各种邮递服务时,应详细询问客人的邮寄地址、收件人姓名和联系电话,然后按规定办理相关邮递手续。邮递服务过程中产生的相关费用,通常经客人确认后计入房账,待客人离店退房时一并结算。

(二)订车服务

订车服务是酒店按客人要求代其预订车辆,既可以是酒店自有的礼宾车,也可以是从店外预约的出租车。当客人要求订车时,事先应告知客人有关手续和收费价格情况。当预订车辆驶入酒店大门口时,应告知驾驶员客人姓名、目的地和相关要求。若客人赶飞机或火车,还应提醒客人留出足够的时间并提前出发,以免因交通阻塞而耽误行程。

(三)替客泊车服务

有些酒店的前厅礼宾部专设泊车员负责车辆的停放工作。当客人驾车来到酒店时,泊车员将车辆钥匙寄存牌给客人,并将客人的车开往停车场。车辆停妥后,将停车的车位、车号、经办人等内容填写在记录本上。当客人需要用车时,请其出示寄存牌,核对无误后,泊车员去停车场将客人的汽车开到酒店大门口交给客人,并在记录本上注明具体时间。

(四)出租服务

为延伸酒店服务项目,满足客人需要,酒店大多提供出租雨伞、自行车和酒店专用车服务。租用手续简单方便,填好租用单、预交定金、说明有关规定后即可提供,值得注意的是,对于租用车辆的客人,应提醒其注意安全。

四、金钥匙服务

(一)金钥匙的概念

"Concierge"通常被译为酒店里的"礼宾司"。1929年10月6日,11位来自巴黎各大酒店的礼宾司聚集在一起,建立友谊和协作的金钥匙协会,这就是金钥匙组织的雏形。1952年4月25日,欧洲金钥匙组织成立。1972年,该组织发展成为一个国际性的组织。国际金钥匙组织共有34个国家和地区参加,约有会员3500人。

国际金钥匙组织的国际性标志为垂直交叉的两把金钥匙(见图4-5),代表两种主要的职能:一把金钥匙用于开启酒店综合服务的大门,另一把金钥匙用于开启城市综合服务的大门。也就是说,金钥匙成为酒店内外综合服务的总代理。国际金钥匙组织利用遍布全球的会员所形成的网络,从而使金钥匙服务有着独特的跨地区、跨国界的优势。

(二)金钥匙在中国的发展

金钥匙在中国最早出现在广州的白天鹅宾馆。1997年1月在意大利首都罗马举

图 4-5　国际金钥匙组织和中国金钥匙组织的标志

行的国际金钥匙组织第 44 届年会上，中国被接纳为国际酒店金钥匙组织的第 31 位成员国。今天，国际金钥匙组织是全球唯一拥有 90 多年历史的网络化、个性化、专业化、国际化的品牌服务组织。自 1995 年正式引入中国以来，中国金钥匙组织经过 20 多年的发展，截至 2020 年，已覆盖全国 300 个城市，3100 多家酒店、物业、服务企业，拥有 5000 多名会员，形成中国最大的线上线下品牌服务网络。

（三）金钥匙服务理念

（1）金钥匙的服务宗旨：在不违反法律和道德的前提下，为客人解决一切困难。

（2）金钥匙为客排忧解难，"尽管不是无所不能，但是也是竭尽所能"，要有强烈的为客服务意识和奉献精神。

（3）为客人提供"满意＋惊喜"的个性化服务。

（4）金钥匙组织的工作口号是"友谊、协作、服务"。

（5）金钥匙的人生哲学：在客人的惊喜中找到富有乐趣的人生。

> **知识活页**
>
> 中国金钥匙组织会员入会条件与申请程序
>
>

任务二　总机服务

总机是酒店内外信息沟通联络的通信枢纽，是处理紧急事件的指挥中心，在对客服务中有着不可替代的重要角色和地位。总机话务员以电话为媒介，为客人提供转接电话、问询、留言、叫醒等各种话务服务。其虽不直接和客人见面,但要用柔和的声音和规范的语言来体现酒店的热情和礼遇。总机话务员的服务态度、语言艺术和操作水平直接决定着话务服务的质量,影响着酒店的声誉和形象。并且,许多客人对酒店的第一印象,是在与总机话务员的电话接触中形成的。所以,电话总机也是酒店对外的一个无形门面,做好总机话务服务对酒店运营管理有着重要意义。

一、转接电话

（1）接转外线电话时,先用中英文报店名并向客人问好,然后礼貌地询问客人需要什么帮助。

（2）仔细聆听来电客人的转接要求,认真核对受话人、房间号码和需转接电话号码是否准确一致,并根据客人要求准确、迅速转接电话,并礼貌告知客人"电话转接中,请稍等",如电话占线,则先用音乐保留。

（3）若无人接听（响铃约半分钟）或一直占线,则要主动询问客人是否需要留言。给住店客人的留言一般由话务员记录,经复述确认后,开启客人房间内的电话留言信号或将留言单送至客人房间。给酒店管理人员的留言,经话务员记录复述确认后,通过手机或其他有效方式尽快转达。

（4）对于有保密要求的客人,如果客人表示不接任何电话,应立即通知总台在计算机中做好保密标记,遇来访者问询或电话查询时,告知该客人尚未入住本酒店。如果客人事先并没有要求不接任何电话,则问清来电者姓名、单位,然后询问住店客人是否需要转接电话,客人同意就予以转接,不同意则告知来电者该客人尚未入住本酒店。

（5）当住店客人要求"免电话打扰"时,应礼貌地向来电者说明,并建议其留言或待取消"免电话打扰"之后再来电。

（6）当来电者只知道住店客人姓名而不知房号时,应请其稍等,查出房号并经住店客人同意后予以转接,但不能告诉来电者住店客人的房号。如果来电者只告诉房号,应首先了解住店客人姓名,经核对无误后予以转接。

（7）挂电话时切忌匆忙,礼貌地请客人先挂。

二、问询留言

酒店内外客人常常会向总机话务员提出各种服务问询和信息查询。因此,话务员也要像总台问询处一样不断地更新信息资料,并与总台问询处保持一致,以便为客人提供问询服务。酒店总机话务员为客人提供电话问询服务和受理留言时,应遵守基本服务规范。为了更方便、快速地解答客人问询,总机房通常设立记事板记录当天的天气情况、要求提供保密或"免电话打扰"服务的住店客人房号、酒店主要管理人员去向及常见客人问询内容等常用信息。当住店客人暂不在房间时,或者住店客人要求"免电话打扰"时,话务员要主动询问来电者是否需要留言。此外,当酒店总台向客人催缴押金、征

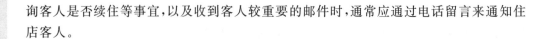

询客人是否续住等事宜,以及收到客人较重要的邮件时,通常应通过电话留言来通知住店客人。

三、叫醒服务

叫醒服务是指总机话务员通过电话或其他酒店服务人员通过人工方式,将住店客人在其预先要求的时间内叫醒。酒店向客人提供叫醒服务的方式主要有两种,即人工叫醒和自动叫醒。人工叫醒指的是话务员在客人要求的叫醒时间打电话到房间将客人叫醒,或者由其他服务人员敲门将客人叫醒。自动叫醒则是指话务员将客人叫醒时间及房号输入计算机,由计算机自动执行电话叫醒服务。现代酒店电话总机一般都具有自动叫醒服务功能,因此,酒店通常向客人提供自动叫醒服务。团队客人的叫醒服务一般由导游告知总台接待员,再由接待员转告总机话务员。

四、紧急情况处理

电话总机除提供以上基本服务外,还有一项重要职责就是当酒店发生紧急突发事件时,充当酒店的临时指挥协调中心。酒店紧急突发事件通常是指可能发生的火灾、水灾、盗窃、伤亡等各种恶性事件。若出现上述情况时,话务员要沉着、冷静,坚持提供高效率的通信服务,使电话总机成为酒店处理突发紧急事件的指挥协调中心,以便酒店管理人员迅速控制局势,合理调动人力。

(1)接到客人或员工紧急报警时,应立即问清事情的发生地点、时间、严重程度等相关情况,以及报警者的姓名、房号或部门,迅速做好记录,同时告知报警人员寻找紧急出口疏导撤离或保护现场。

(2)按酒店规定立即通知值班经理、大堂副理、保安部等相关部门和人员,根据上级指示,迅速与市内消防、安全等相关部门联系。

(3)严格执行上级指令,在未接到撤离指示前坚守岗位,保证通信畅通。

(4)在电话服务中,对内注意安抚客人,稳定情绪。遇外界打探消息者,一般予以婉拒不做答复,如有必要可转接大堂副理处理。

(5)做好紧急事件电话处理记录,以备事后检查。

任务三 商务中心服务

为满足客人的商务需求,现代酒店一般都设有商务中心,为客人提供商务文秘服务、设备出租服务和会议筹办服务等。目前,一般酒店商务中心多位于前厅附近的公共区域,以方便店内外客人,同时也便于与总台联系,沟通有关信息。

一、打印服务

打印服务即按照客人的要求将文稿打印成纸质文件,是商务中心常见的服务项目之一,其基本服务流程如下:

(1) 当客人走近时,主动向客人问好,礼貌询问客人需求。

(2) 当客人要求打印服务时,请客人出示原稿,并问清稿件处理与打印要求。

(3) 立即通览文稿,如有不清楚或不懂之处当面向客人询问清楚,尤其排版要求和打印格式要求。当客人提出外文打印要求时,如日语、俄语、法语等,视酒店具体情况受理。如果不能受理,可婉拒或向客人推荐其他可打印的地方。

(4) 向客人介绍服务收费标准,询问客人付费方式。同时,记下客人的姓名、房号、联系电话和取稿时间。

(5) 打出样稿后仔细核对,并主动与客人联系,请客人校对。如有错误,请客人在样稿上用笔把错误标出,以便及时修正。

(6) 校对结束,按客人要求的排版格式、纸张大小、字体规格、打印份数等打印稿件,并仔细核对原稿,确保无误。客人要求装订时,按要求替客人装订好原稿及打印稿。

(7) 当客人来取稿件时,按酒店规定计算费用并请客人结账,收款时应唱收唱付。若客人要求签单,礼貌地请客人出示房卡,与总台核实后请客人在账单上签字。若客人不能在商务中心营业时间内提取文件,则告知客人文件将移送至总台,客人可到总台领取。

(8) 当客人离开时,礼貌地与客人道别,并向客人表示感谢,欢迎客人再来。

(9) 在报表上做好相应记录。

二、复印服务

复印服务即按照客人的要求复印处理文件,是商务中心日常服务的主要内容,其基本服务流程如下:

(1) 当客人前来时,主动向客人问好,礼貌询问客人需求。

(2) 当客人要求复印服务时,请客人出示原件。

(3) 问清客人复印的规格及数量,并主动告诉客人各种复印的收费价格。

(4) 检查所要复印的原始材料,根据客人要求设置好复印纸张、深浅等级进行复印。当客人要求缩印或扩印时,应按客人要求妥善处理。如果客人要求复印的材料涉及酒店或国家机密,应及时请示部门经理或向客人说明不能复印的理由。

(5) 复印结束后,及时清点、装订原稿并核对复印数量,然后请客人结账,收款时应唱收唱付。当客人要求签单时,礼貌地请客人出示房卡,与总台核实后请客人在账单上签字。

(6) 当客人离开时,礼貌地与客人道别,并向客人表示感谢,欢迎客人再来。

(7) 在报表上做好相应记录。

三、传真服务

传真服务的基本流程如下：

(1) 当客人前来收发传真时，热情迎接，礼貌问好。

(2) 当客人要求发传真时，请客人准确填写传真号码，并礼貌告知客人传真收费标准。

(3) 仔细检查传真文稿是否字迹清楚，没有污损，符合传真稿件要求。如果发现不符合传真稿件要求，应向客人说明不能发送的原因，并建议客人将其复印或重新抄写后再发送。

(4) 按客人提供的传真号码发送传真，发送成功后按酒店规定标准收取费用，收款时应唱收唱付。当客人要求签单时，礼貌地请客人出示房卡，与总台核实无误后请客人在账单上签字。

(5) 当客人要求接收传真时，主动热情地帮助客人，并按酒店规定收取相关费用。若客人传真未能及时传到，则请客人留下姓名、房号，待收到传真后将传真送至客人房间，并做好收费工作。

(6) 当客人离开时，礼貌地与客人道别，并向客人表示感谢，欢迎客人再来。

(7) 在报表上做好相应记录。

四、翻译服务

翻译服务一般分笔译和口译两种，其收费计算方式也有所区别，一般情况下，笔译服务按照字数或页数收费，口译服务按照时间收费。酒店商务中心受理翻译服务的基本流程如下：

(1) 当客人走近时，主动向客人问好，礼貌询问客人翻译要求。

(2) 当客人要求笔译时，问清翻译的页数和性质（文件、小说、科技资料等）及取稿时间。

(3) 根据翻译资料及酒店政策，确定收费标准，并预收全部或部分费用。

(4) 按客人要求翻译资料，如果酒店没有专职翻译人员，可以从兼职翻译档案库找出合适人选进行翻译。

(5) 翻译好资料后，通知客人前来领取，并结清费用。如果客人要求签单，礼貌地请客人出示房卡，与总台核实无误后请客人在账单上签字。如果客人对译稿不太满意，可请翻译人员再进行适当修改。

(6) 当客人要求口译时，应及时安排翻译人员与客人会面，以便详细了解翻译情况，做好相关工作安排。

(7) 当客人离开时，礼貌地与客人道别，并向客人表示感谢，欢迎客人再来。

(8)在报表上做好相应记录。

五、票务服务

票务服务是指酒店为住店客人代订机票、车票、船票、戏票等票据的服务。一般酒店会在商务中心设立票务处，为客人提供票务服务。根据具体情况不同，有些酒店将票务服务设在礼宾处或总台，甚至有的请交通部门或专业票务中心在酒店前厅内设点服务。通常酒店商务中心票务服务的流程如下：

(1)热情迎接，主动问好，礼貌询问客人订票要求。

(2)请客人详细填写订票委托单。订票委托单上必须写清楚客人需要预订的票据日期、航班、车次和等级，如硬座、硬卧、软座、软卧、一等舱、普通舱等。同时，还要注明当客人的第一选择无法满足时，指定的第二选择的车票日期和班次等，由客人过目无误后再请客人签字确认。

(3)向客人预收订票款，并给客人开好收据，或者在订票委托单上注明预收订票款的金额。如果酒店不能完全保证有票，就必须向客人说明酒店将尽力而为，但不能保证有票，并礼貌地询问客人倘若订不到指定票据时该如何处理。

(4)取到票据后，将票据和找零放在专门的信封内，信封上写清日期、车次、票价、客人姓名、房号、预收款、应找款等重要信息，并通知客人前来取票，或按客人要求送至客人房间。

1. 团队行李服务装车时应遵循什么原则？
2. 酒店提供寄存物品服务，但哪些物品是不能寄存的？
3. 酒店"金钥匙"的服务理念是什么？
4. 酒店向客人提供的叫醒服务有哪两种方式？

一、实训要求

(1)掌握散客迎送服务的基本流程，并做到礼仪规范。

(2)掌握散客行李服务的基本流程，能提供规范的行李服务。

(3)掌握行李寄存保管服务的基本流程，并熟练掌握各类表单的填写。

二、实训项目

1. 散客迎送服务

任务实施：

(1)将学生分组，每2人一组，1人扮演行李员，1人扮演客人，模拟散客迎送服务的流程。

（2）完成一轮实训后，学生双方互换角色，再进行一次实训，然后各自谈谈感受，并说出实训中存在的不足。

（3）指导教师点评，总结任务要点。

任务道具：

"散客迎送服务"实训项目评价表如表 4-1 所示。

表 4-1 "散客迎送服务"实训项目评价表

项目	要求	分值（总分10）	得分
引导停车	反应迅速，动作手势标准，车位停靠安排合理	1	
迎客下车	护顶迅速、及时，问候用语恰当。如是出租车，仔细检查车内是否有遗留物品，准确记录车牌号	2	
装卸行李	动作规范，轻拿轻放，行李件数及有无破损核对准确	2	
请客进店	开门迅速、及时，礼貌请客进店，手势规范、正确，行李交接无差	2	
仪容仪表	服饰整洁得体；发型美观；手部、面部清洁，口腔无异味；微笑和蔼，表情自然大方	1	
言谈举止	普通话标准，敬语规范；站立、行走姿态优美	1	
综合评价	服务流程熟悉，操作熟悉流畅，整体效果较好	1	

2. 散客行李服务

任务实施：

（1）将学生分组，每 2 人一组，1 人扮演行李员，1 人扮演客人，模拟散客行李服务的流程。

（2）完成一轮实训后，学生双方互换角色，再进行一次实训，然后各自谈谈感受，并说出实训中存在的不足。

（3）指导教师点评，总结任务要点。

任务道具：

"散客行李服务"实训项目评价表如表 4-2 所示。

表 4-2 "散客行李服务"实训项目评价表

项目	要求	分值（总分10）	得分
行李搬运	行李件数及有无破损核对准确，行李搬运规范，轻拿轻放	2	
引领客人办理入住登记	正确引领客人到接待处办理入住登记手续，并照看好客人的行李	1	
引领客人进房	规范引领客人进房，电梯服务、引领服务和进房服务周到，引领过程中与客人沟通积极有效	2	
介绍房间服务与设施	简要介绍房间设施设备，内容恰当，时间安排合理，对于常客可只介绍新增设施	1	

续表

项　目	要　　求	分值(总分10)	得分
礼貌道别，退出房间	礼貌询问客人有无其他服务要求，预祝客人住店愉快，礼貌道别	1	
仪容仪表	服务整洁得体；发型大方美观；手部、面部清洁，口腔无异味；微笑和蔼，表情自然大方	1	
言谈举止	普通话标准，敬语规范；站立、行走姿态优美，行为举止彬彬有礼	1	
综合评价	服务流程熟悉，各项操作熟练流畅；对客服务灵活，相关表格填写规范，记录清晰	1	

3. 行李寄存保管服务

任务实施：

(1) 将学生分组，每2人一组，1人扮演行李员，1人扮演客人，模拟行李寄存保管服务的流程。

(2) 完成一轮实训后，学生双方互换角色，再进行一次实训，然后各自谈谈感受，并说出实训中存在的不足。

(3) 指导教师点评，总结任务要点。

任务道具：

"行李寄存保管服务"实训项目评价表(见表4-3)。

表4-3　"行李寄存保管服务"实训项目评价表

项　目	要　　求	分值(总分10)	得分
迎接问候	微笑相迎，礼貌问好，热情接待	1	
询问寄存物品及领取安排	寄存行李数及有无破损检查核实准确无误；询问客人有礼貌	2	
填写行李寄存单	行李寄存单填写认真仔细，将上联系在行李上，将下联交给客人妥善保存	2	
存放行李	行李存放科学合理，若客人有多件行李时，用绳索将其系在一起	1	
特殊情况处理	灵活对待，妥善处理，做好记录	1	
仪容仪表	服饰整洁得体；手部、面部清洁，口腔无异味；微笑和蔼，表情自然大方	1	
言谈举止	敬语规范，姿态优美，行为举止有礼	1	
综合评价	服务流程熟悉，各项操作熟练流畅；对客服务灵活，相关表格填写规范，记录清晰	1	

客人行李送错后的处理

某酒店在11月上旬接待了一个国际性会议,该会议规格高、人数多,有不少志愿者参与了服务。中午,正值客人进店高峰,行李员小曹在酒店大门前迎接客人。这时,一辆参加会议的客人的专车进店,小曹急忙迎上前去礼貌地同客人确认行李。随行的志愿者随即从车上卸下了十几件行李。凭着丰富的工作经验,小曹看见十几件行李堆放在一起,有些外观很相似,而且连个行李牌也没有,感到这样很容易出错,于是他多留了个心眼儿,暗暗地记下了他们的房间号。很快就有一位客人发现错拿了一件行李。小曹一边安慰客人一边问清了行李箱的品牌与外观、颜色,并向主管做了汇报。在主管的同意下,小曹根据房间号很快找回了客人的行李。客人拿到被换回的行李,直夸小曹专业素质高、责任心强。

(资料来源:根据相关资料整理。)

思考讨论:

如何才能找回客人被送错的行李?

案例评析:

由于散客行李的运送过程一般紧跟客人进房,因此送错客人行李的情况通常发生在运送团队行李的时候。如客人反映行李送错,行李员应首先向客人了解行李的大小、形状、颜色等特征,问清行李内是否有贵重物品。造成行李送错的原因,多是运送行李时因行李大小、颜色相近而被错认,也可能是团队客人之间自行换房导致的,这时可从团队名单上找出相应的房号进行调换。如果在相应的房间找不到客人的行李,应迅速查核送入酒店的行李件数与送入客房的行李件数是否一致。如件数一致,并且未经过行李仓库存放,则有可能是机场将行李弄错,应及时与团队陪同人员联系,由他们负责找回行李。如经过行李仓库存放则有可能与其他团队行李混淆,应及时与有关团队陪同人员联系找回行李。若行李实在无法找到,应分清责任,如系酒店失误,应酌情给予赔偿。

项目五
前厅销售管理

 项目目标

知识目标
1. 了解酒店产品的组成。
2. 了解客房价格的构成与收费方式。
3. 了解客房价格的影响因素。

能力目标
1. 掌握前厅销售价格制定的常见方法。
2. 掌握前厅销售的策略与技巧。

素养目标
1. 具备较强的语言表达和沟通能力。
2. 具备对内和对外工作的协调与处理能力。
3. 具有良好的团队合作意识。

 思维导图

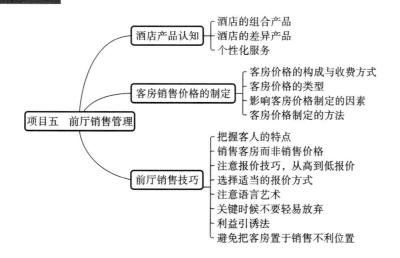

任务一　酒店产品认知

前厅销售的主要任务,是销售酒店客房和其他设施使用权及相关服务。其目标是通过前厅部工作人员的共同努力,尽可能地提高酒店现有产品的销售量或销售额,最大限度地获取收益。

一、酒店的组合产品

酒店的组合产品,即整体产品,通常包含核心产品、扩大产品和延伸产品。

（一）核心产品

核心产品指向客人提供的产品的使用价值,它能够满足客人的基本需求。具体的产品内容因客人而异。比如工薪阶层注重客房产品的清洁卫生、经济实惠;城市白领更追求客房产品的个性特色;休闲型客人需要娱乐设施;会议型客人重视会议设备是否完善。

（二）扩大产品

扩大产品指酒店向目标市场提供的扩大化了的核心产品。其具体内容包括酒店的声誉、位置、建筑外观、设施设备、装潢布局、服务项目以及服务标准等。

（三）延伸产品

延伸产品指客人购买酒店产品时所得到的其他利益的总和,是由酒店附加到产品上的,以期增加其竞争优势。比如酒店提供的免费班车,方便客人往来于酒店、交通口岸、旅游景点及商业中心之间。

二、酒店的差异产品

酒店之间的激烈竞争,主要表现在下列层面:

（1）硬件层面的竞争,即酒店建筑风格、装饰特色、设施性能、环境营造等方面的竞争。

（2）价格层面的竞争,即酒店以价格来吸引客人。

（3）服务质量层面的竞争,即酒店注重人才的培养,实行高效、全面的质量管理以参与酒店竞争。

（4）社会形象层面的竞争,即酒店公共关系能力、公众形象及酒店社会知名度的竞争。

近年来,随着旅游市场的不断变化发展,我国酒店业的竞争已逐步由单一的价格竞争转向多元化的产品差异竞争。几乎所有国际著名酒店品牌都非常注重产品的差异。例如,希尔顿(Hilton)酒店强调服务快捷;假日(Holiday Inn)酒店推崇服务热情;喜来登(Sheraton)酒店则突出无微不至的关心。它们将差异化产品而非产品价格作为竞争中使用的主要手段。酒店产品的差异通常表现在以下四个方面。

(一)服务水准差异

酒店会有意识地推出差异化服务,突出特色。例如,有些酒店允许客人先入住而后补办登记手续;还有些酒店推出限时服务承诺,服务超时即免收客人房费,强调其服务的方便与高效。

(二)酒店位置差异

酒店之所以注重地理位置差异,是因为位置明显影响着酒店的客源市场结构和客房出租率。调查显示,地处商业中心的酒店的客人多为商务或公务散客;邻近机场的酒店的客人多为过境客人和航空公司机组人员;位于风景名胜区的度假酒店的客人多为休闲观光旅游者。

(三)员工素质差异

酒店的地域性差异和规模差异造成酒店员工素质上的差异,经济发达地区的酒店及高星级酒店的员工基本素质普遍高于经济欠发达地区和低星级酒店的。相同背景的员工在个性、沟通方式、服务技巧等方面也存在不同程度的差异。酒店必须有目的、有计划地培养有归属感的高素质员工,建设一支稳定、突出的骨干人才队伍,这样才能确保酒店服务质量的差异性、稳定性和延续性,从而使酒店在竞争中取得先机。

(四)酒店形象差异

酒店应强化其独特的市场形象,以吸引相应的目标客户群。例如,四季(Four Season)酒店突出豪华超群形象,只在具有国际影响力的城市开设分店,接待的客人大多有较高社会地位;雅高(Accor)酒店面向大众,在形象上突出表现自己的大众化色彩;希尔顿(Hilton)酒店积极参与社会公益活动,努力树立服务社会的企业形象。

总之,酒店前厅服务人员必须娴熟地掌握酒店的产品差异,寻找并挖掘自己的销售主题,推出差异产品,并将酒店的差异产品定位在客人的心中。

三、个性化服务

个性化服务就是以客人需求为中心,在满足客人共性需求的基础上,针对客人个性特点和特殊需求,积极主动地为客人提供特殊的服务,即为客人提供"量体裁衣"定制式的服务。在标准化服务时代,酒店服务质量的差别不大,而目前人们对质量的判断又没有统一的标准,因此对于同一服务,不同的人会有不同的看法。随着社会的进步,消费者的需求已经发生了深刻的变化,他们不再满足于同质化的服务产品,而是越来越关心自我,寻求专门为他们定制的服务。而标准化服务主要能保证服务与产品的基本质量稳定,增强规模效应。随着酒店业竞争的加剧,标准化服务的作用已经不明显了,已经不能很好地满足目前市场的需求。而个性化服务正适应了市场的需求,弥补了标准化服务的不足。各类酒店都应该对消费者的需求更加敏感,更加擅长创新,更加灵活多变,为消费者提供更加广泛的选择,满足其高度个性化的需要。在实际销售过程中,前厅服务人员应细心观察并预测客人的需要,提供个性化服务。例如,当一位疲惫不堪的客人携带行李走进大厅接待处时,接待员应当用关心的口吻对客人说:"先生,您看上去很疲倦。我马上给您安排一间安静舒适的房间,让您好好休息。"这要比规范的问候(如"您好!先生,欢迎光临!")更能令这位客人感受到个人关怀。

　　当然,个性化服务也为客人提供了更多选择。有的酒店为带着未成年子女出行的父母设计提供了专门的家庭式客房;有的酒店充分利用音响设备让客人的歌声变得更加动听;有的酒店则在餐厅设置绿植,以满足保健养生型客人的需要;有的酒店推出金婚(银婚)纪念、金色黄昏等主题活动来吸引老年客人等。

　　因此,前厅服务人员在销售过程中,应用标准化的服务来满足客人的共性需求,用个性化的服务来满足客人的个性需求。通常,酒店提供个性化服务的前提是完善客人的个人档案和有效利用高科技手段。

任务二　客房销售价格的制定

　　客房价格是销售中颇为敏感的问题之一,其制定和变动将对酒店收益产生诸多影响。同样,客房价格也是客人购买过程中优先考虑的问题,合理的价格意味着物有所值。然而,客人的价值观念因追求的利益、消费侧重点以及声望要求的不同而不同。因此,前厅部管理人员应在销售策略指导下,对客房价格的构成及类型、客房价格制定的目标及方法等实行有效的控制,以维护客人和酒店双方的经济利益。

一、客房价格的构成与收费方式

(一)客房价格的构成

　　酒店客房价格是由客房商品的成本和利润构成的。其中,客房商品的成本通常包括建筑投资及由此支付的利息、客房设备及其折旧费用、保养修缮费用、物品消耗费用、土地资源使用费、经营管理费、员工薪金、保险费和营业税等。利润则包括所得税和客房利润。

（二）收费方式

1. 欧洲式（European Plan，简称 EP）

此收费方式只包含房费，不含任何餐费。

2. 美国式（American Plan，简称 AP）

此收费方式不仅包含房费，还包含一日三餐的费用，故又称为全费用计价方式，多为团队客人或远离城市的度假酒店所采用。

3. 修正美式（Modified American Plan，简称 MAP）

此收费方式包含房费、早餐，以及午餐或晚餐（二者选一）的费用。

4. 欧陆式（Continental Plan，简称 CP）

此收费方式包含房费和欧陆式早餐（Continental Breakfast）。早餐主要提供多种餐包（配果酱、黄油）、新鲜牛奶、酸奶和果汁以及咖啡或茶。

5. 百慕大式（Bermuda Plan，简称 BP）

此收费方式包含房费和美式早餐（American Breakfast）。美式早餐除提供欧陆式早餐中所含的食品外，还提供鸡蛋、火腿、香肠、培根等肉蛋类食品。

二、客房价格的类型

（一）标准价/门市价（Rack Rate）

标准价即酒店价目表上明码标注的各类客房的现行价格。此价格未含任何服务费或折扣。标准价常被称为门市价、散客价或客房牌价。

（二）团队价（Group Rate）

团队价是针对旅行社、会议组织机构等团体客人住店所给予的折扣价格，一般视旅行社与会议组织机构所组织的客源量和酒店客房出租情况而定，目的是与旅行社和会议组织机构建立起长期稳定的业务关系，以确保酒店长期稳定的基本客源，提高客房利用率。

（三）商务合同价/协议价（Commercial/Contract Rate）

酒店与有关公司或机构签订商务协议或合同，并按协议或合同规定给对方介绍来的客人以优惠的房价。通常，房价的优惠幅度视对方所提供的客源量、客人在店逗留天数及在店消费水平的高低而定。

（四）折扣价（Discount Rate）

折扣价是酒店向常客（Repeat Guest）、长住客人（Long Staying Guest）或其他有特殊身份的客人提供的优惠价格。

（五）推广价（Promotion Rate）

推广价是酒店在特定时期为扩大酒店的市场占有份额、吸引客人而推出的优惠价格。除房费和餐费外，这一价格内还常包括免费提供交通、娱乐、健身、休闲优惠或便利服务。

（六）免费价（Complimentary Rate）

酒店因某种原因为某些客人（诸如旅行社、国际会议组织机构、大型外资公司负责人及其他对酒店发展有重要作用的各类人士）提供免费房，以期互惠互利。

（七）小包价（Package Rate）

小包价是酒店为客人提供的一揽子报价，以方便客人制定旅行预算，报价往往含房费、餐费、交通费及部分旅游门票费用。

（八）家庭租用价（Family Plan Rate）

家庭租用价指酒店为带孩子的家庭提供的折扣价格，旨在刺激住店期间的综合费用。

（九）白天租用价（Day Use Rate）

酒店在下列情况，可按白天租用价向客人收取房费：
(1) 客人凌晨（前厅收银夜审结束后）抵店并入住客房。
(2) 客人结账离店超过酒店规定的结账时间。
(3) 客人入住后在当日 18:00 前离店。
通常，大多数酒店按其房费的半价收取，也有部分酒店按小时收取费用。

（十）淡季价（Off Season Rate）

淡季价指酒店在营业淡季为刺激需求、吸引客人而采用的房价，一般在标准价的基础上向下浮动一定的百分比。但要注意的是，只有在酒店能实现所需的销售量，并保证利润额有所提高的前提下，实行淡季价才有意义。

（十一）旺季价（High Season Rate）

旺季价指酒店在营业旺季为最大限度地实现收益最大化而采取的房价，一般在标准价的基础上，上浮一定的百分比。

三、影响客房价格制定的因素

（一）定价目标

客房的定价目标由酒店市场经营的目标所决定。由于酒店市场经营目标的多元化,客房定价的目标也是多种多样的。酒店常见的定价目标有以下几种。

1. 利润导向定价目标

此定价目标通常包括酒店所期望的最大利润、满意利润、乐观利润、扩大总利润、目标收益率、最佳资金流动及投资收益率等。

2. 销售额导向定价目标

此定价目标通常包括酒店所期望的最大销售额、满意销售额、维持或争取的市场份额和市场渗透率等。

3. 竞争导向定价目标

此定价目标通常包括与竞争对手的价格相区别以及与竞争对手的价格一致等。

4. 成本导向定价目标

此定价目标通常采用的定价方法为盈亏平衡点分析法、成本加成定价法等。

酒店在制定客房价格之前,必须首先考虑并确定所采用的定价目标,因为不同的定价目标所涉及的具体定价方法是不同的。

（二）成本

成本是定价的主要依据。通常成本是价格的下限,即价格应确定在成本之上,否则,将导致亏损。酒店的成本一般包括固定成本、变动成本、总成本、直接成本、间接成本、边际成本、可控成本、机会成本和标准成本等。不同的成本组合可形成不同的成本结构,对酒店的收入和利润的影响很大。酒店总成本中占较大比重的是固定成本和变动成本。

（三）客房的特色及声誉

客房设计越新颖,其定价的自由度就越大。市场上独一无二的特色房间,在定价上就有很大的自主权。而酒店所拥有的客房与竞争对手的客房越相似或越易被仿效,则该客房的定价自由度就越小。同样,客房产品及其相应服务的声誉越高,则定价时就越有主动权。

（四）市场供求关系

市场供求关系常处于动态变化中,当供大于求时,就应考虑降低价格;供不应求时,就应考虑适当提高价格。因此,客房价格的制定也应随市场供求关系的变化而不断地调整,以适应市场需求。

（五）竞争对手价格

在制定房价时,应充分了解本地区同等级的酒店的房价,并将其作为重要的参考依据,这样制定出的房价才有可能具有一定的竞争力。

（六）客人的消费心理

客人的消费受到心理因素的影响,在购买或消费时总会有能接受的价格上限和下限。在一定的消费心理作用下,价格过高或过低,客人均不愿购买。价格过高,客人会怀疑其物有所值的真实性；价格过低，客人则会怀疑其质量而拒绝购买。

四、客房价格制定的方法

成本、市场需求与竞争是影响酒店客房价格的主要因素，也是酒店在定价时主要考虑的因素。因此，酒店客房定价的基本方法主要有三大类型，即以成本为中心的定价法、以需求为中心的定价法和以竞争为中心的定价法。

（一）以成本为中心的定价法

以成本为中心的定价法即以酒店客房经营成本为基础制定客房产品价格的一种方法，主要有千分之一定价法、成本加成定价法和目标收益定价法。从酒店财务管理的角度看，客房产品价格的制定应以成本为基础，如果价格不能保证成本的回收，则酒店的经营活动将无法长期维持。

1. 千分之一定价法

千分之一定价法是根据客房造价来确定房间出租价格的一种方法，即将每间客房的出租价格确定为客房平均造价的千分之一。例如，某酒店有 300 间客房，总造价为 3000 万美元，若每间客房布局统一，则平均每间客房的造价为 10 万美元，按照千分之一的定价规则，房价应为 10 万美元除以 1000，等于 100 美元。

千分之一定价法是人们在长期的酒店建设和经营管理实践中总结出来的一般规律，可以用来指导酒店（尤其是新建酒店）客房的定价，判断酒店现行客房价格的合理程度。千分之一定价法通常是根据酒店建设的总投资和客房总数来计算每间客房的平均房价，存在一定的假设条件及局限性。

首先，千分之一定价法计算出来的房价是客房的平均价格，实际上酒店客房的类型、面积、设施设备的豪华程度等有所不同，价格也应有所差别。其次，千分之一定价法要求酒店客房、餐饮及娱乐设施等规模和投资比例适当。否则，如果酒店在餐饮和娱乐设施方面的投资比例很大，而客房方面的投资比例相对较小，这样按照总投资额和客房数计算的平均房价就很高，此价格就不一定合理了。再次，千分之一定价法存在一定的假设条件，它假定酒店的客房出租率维持在 60% 左右，而且假定酒店的餐饮、康乐等营业部门能够提供一定数额的利润，这些利润能够支付酒店的日常营业费用。如果各种假设成立，则经过 5 年左右的经营，酒店建设总成本可以通过客房的销售额得到回收。最后，千分之一定价法只考虑了酒店客房的成本因素，而没有考虑供求关系及市场竞争状况，因此，据此制定的客房价格只能作为参考。酒店经营管理人员应在千分之一定价法的基础上，结合当时当地的供求关系及竞争状况对房价加以调整，这样的房价才具有合理性、科学性和竞争性。

2. 成本加成定价法

成本加成定价法也称成本基数法，其定价方法是按客房的成本加上若干百分比的成本利润率进行定价。因此，成本加成定价法需要先估算单位客房每天的总成本（包括固定成本和变动成本），然后在总成本的基础上加上成本利润率，这样就可获得单位客房产品的价格。虽然成本加成定价法简化了定价过程,但是成本加成定价法没有充分考虑市场需求和竞争状况,不能准确预测客房产品的销售量,自然不能保证经营者通过产品的出售获得预期利润。单位客房价格的计算公式如下:

$$客房价格 = \frac{(单位变动成本 + 单位固定成本) \times (1 + 成本利润率)}{1 - 销售税率}$$

3. 目标收益定价法

目标收益定价法又称目标利润定价法,是在预测成本的基础上,按照目标收益的高低确定产品价格的方法。其计算步骤如下:

(1) 确定目标收益额;
(2) 确定目标利润额;
(3) 预测总成本,包括固定成本和变动成本;
(4) 确定预期销售量;
(5) 确定产品价格。

因此,目标收益定价法需要先确定一个总的目标利润,然后根据预测的产品销售量把总利润分摊到每件产品的售价中。但是,在实际过程中,价格的高低反过来对产品的销售量有很大的影响,不能确保所定价格能够实现预期销售量目标。目标收益定价法只从卖方的利益出发,没有考虑竞争因素和市场需求的情况。这种方法一般用于在市场上具有一定影响力的企业、市场占有率较高或具有垄断性质的企业。

4. 赫伯特公式计价法

一般而言,新建酒店往往采用此种方法定价。赫伯特公式计价法是根据计划的营业量、固定费用及酒店所需达到的投资收益率来确定每间客房的平均房价。具体计算公式如下:

$$平均每间客房租价 = (预期投资收益 + 固定费用 + 未分配费用 - 其他营业部门利润 + 客房部营业费用) \div 预计客房出租间数$$

这个公式的缺陷在于,客房部必须承担实现计划投资收益率的责任,由被除数部分看出,其他营业部门盈利高,房价可低些,一旦其他营业部门亏损,房价则上升。但是应该明确,其他部门经济效益低不应由高昂的、缺乏竞争力的房价来弥补,同时,其他部门的高额利润也不应成为制定过低房价的理由。

(二) 以需求为中心的定价法

以成本为中心的定价法有一个共同缺点,即忽视了市场需求和竞争因素,完全站在企业角度去考虑问题。以需求为中心的定价法则以市场导向观念为指导,从客人的需求出发,认为产品的价格主要应根据客人对产品的需求程度和对产品价值的认同程度来决定。这种定价方法认为,一种产品的价格、质量及服务水平等在客人心目中都有一个特定的位置。当产品价格和客人对产品价值的认识理解水平基本一致时,客人才会接受这种价格。反之,如果定价超过了客人对产品的价值认知,客人是不会接受这个价格的。酒店客房产品的价值,不仅取决于该产品能够满足客人某种欲望的客观物质属性,而且取决于客人的主观感受和评价。以需求为中心的定价法主要有以下两种方法。

1. 直觉评定法

直觉评定法即邀请客人或中间商等,对酒店的客房进行直觉价值评价,以确定房价。例如,某酒店除拥有与竞争酒店相同的标准客房外,还具有地理位置优越、环境清洁卫生、安全可靠、服务热情体贴等特点,为此根据直觉评定法可以得出标准房价。如竞争酒店房价为 400 元,若将地理位置、环境、安全、服务每项各按 20 元加进去的话,房价应该定在 480 元。

2. 相对评分法

相对评分法即首先对多家酒店的客房产品进行评分,再按分数的相对比例和现行平均市场价格,计算出客房产品的理解价格。例如,将 100 分按适当比例分配给不同的酒店,假定有甲、乙、丙 3 家酒店,经过综合测评每家酒店得分分别为 40 分、35 分、25 分,均分约为 33.3 分,这 3 家酒店的客人愿意支付的平均房价为 400 元,则每家酒店的房价分别如下:

$$甲酒店房价 = 400 \times 40 \div 33.3 \approx 480(元)$$
$$乙酒店房价 = 400 \times 35 \div 33.3 \approx 420(元)$$
$$丙酒店房价 = 400 \times 25 \div 33.3 \approx 300(元)$$

(三) 以竞争为中心的定价法

目前,由于酒店行业的竞争异常激烈,酒店在定价时就会把竞争因素放在首位,这样就形成了以竞争为中心的定价法。以竞争为中心的定价法主要有随行就市定价法和边际效益定价法。

1. 随行就市定价法

随行就市定价法主要有两种形式。第一种形式是以酒店业的平均水平或习惯定价水平作为酒店的定价标准。在酒店成本难以估算,竞争者的反应难以确定时,酒店会认为随行就市是唯一的也是最明智的选择。因为这种定价法反映了行业中所有企业的集体智慧,这样定价既能获得合理的利益,又能减少因价格竞争带来的风险。第二种形式是追随领袖企业和同档次竞争对手的价格,即产品定价不是依据自己的成本和需求状况,而是与领袖企业和同档次竞争对手保持相应的价格水准。

2. 边际效益定价法

根据盈亏平衡原理,产品单价减去单位产品变动成本的余额,称为边际效益或边际收入,其作用是补偿单位固定成本。所以当边际效益大于零时,多出租一间客房,就能对固定成本有所补偿。因此,在竞争激烈、客房出租率较低时,酒店可以把边际效益作为定价原则。

任务三 前厅销售技巧

如果说客房部和餐饮部是酒店的生产部门,那么前厅部就是酒店的销售部门。尤其是在没有设立独立的市场营销部门的酒店,前厅部要承担起酒店的全部销售任务。因此,前厅部员工,特别是总台员工一定要掌握前厅销售的技巧。

一、把握客人的特点

不同的客人有不同的特点,对酒店也有不同的要求。比如,商务型客人通常是因公出差,对房价不太计较,但要求客房安静,光线明亮(有可调节亮度的台灯和床头灯),办公桌宽大,服务周到且效率高,酒店及房内办公设备齐全,有娱乐项目;观光型客人要求房间景色优美、干净卫生,但预算有限,比较在乎房间价格;度蜜月者喜欢安静、不受干扰且配有一张大床的双人房;知名人士、高薪阶层及带小孩的父母喜欢套房;年老或身有残疾的客人喜欢住在靠近电梯和餐厅的房间。因此,总台员工在接待客人时,要注意从客人的衣着打扮、言谈举止以及随行人数等方面把握客人的特点(年龄、性别、职业、国籍、旅游动机等),进而根据其需求特点和心理,做好有针对性的销售。

二、销售客房而非销售价格

总台员工在接待客人时,一个常犯的错误就是只谈房价,而不介绍客房的特点,结果常常使很多客人望而却步,或者勉强接受,心里却不高兴。因此,总台员工在销售客房时,必须对客房做适当的描述,以减弱客房价格的分量,突出客房能够满足客人需要的特点,只有这样才容易为客人所接受。当然,要准确地描述客房,必须首先了解客房的特点,这是对总台员工的基本要求之一,必要时,可以组织总台员工到客房参观以加深印象。

三、注意报价技巧,从高到低报价

从高到低报价,可以最大限度地提高客房的利润率和客房的经济效益。当然,这并不意味着接待每一位客人都要从"总统间"报起,而是要求总台员工在接待客人时,首先确定一个客人可接受的价格范围(根据客人的身份、来访目的等特点判断),在这个范围内,从高到低报价。根据消费心理学,客人常常会接受首先推荐的房间,如客人嫌贵,可降一个档次,向客人推荐价格次高者,这样就可将客人所能接受的最高价格的客房销售给客人,从而提高酒店经济效益。

四、选择适当的报价方式

根据不同的房间类型,客房报价的方式有三种。

（一）"冲击式"报价

"冲击式"报价即先报价格，再提出房间所提供的服务设施与项目等，这种报价方式比较适合价格较低的房间，主要针对消费水平较低的客人。

（二）"鱼尾式"报价

"鱼尾式"报价即先介绍所提供的服务设施与项目，以及房间的特点，最后报出价格，突出物美，减弱价格对客人的影响。这种报价方式适合中档客房。

（三）"夹心式"报价

"夹心式"报价又称"三明治"式报价，即将房价放在所提供服务的项目中间报出，能起到减弱价格分量的作用。例如，"一间宽敞、舒适的客房，价格只需 600 元，这个房价还包括一份早餐、一杯免费咖啡"。这种报价方式适合于中、高档客房，主要针对消费水平高、有一定地位和声望的客人。

五、注意语言艺术

总台员工在推销客房、接待客人时，说话不仅要有礼貌，而且要讲究艺术性。否则，虽没有恶意，但也可能会得罪客人，至少不会使客人产生好感。比如，应该说："您运气真好，我们恰好还有一间舒适的单人房！"而不能说："单人房就剩这一间了，您要不要？"

六、关键时候不要轻易放弃

客人犹豫不决时，是客房销售能否成功的关键时候，此时，总台员工要正确分析客人的心理活动，耐心地、千方百计地去消除他们的疑虑，多提建议，不要轻易放过任何一位可能住店的客人。要知道，这种时候，任何忽视、冷淡与不耐烦的表现，都会导致销售的失败。

七、利益引诱法

这种方法是针对已经做了预订的客人而言的。有些客人虽然已经进行了预订，但预订的房间价格较为低廉，当这类客人来到酒店住宿登记时，总台员工存在对他们进行二次销售的机会。即告诉客人，只要在原价格的基础上稍微提高一些，便可得到更多的好处或优惠。比如，"您只要多付 50 元，就可享受包价优惠，除房费外，还包括早餐和午餐"。

同步案例

巧妙推销豪华套房

某天,南京某酒店前厅部的客房预订员小王接到一位美国客人从上海打来的长途电话,想预订两间每天收费在120美元左右的标准双人客房,三天以后开始住店。小王马上翻阅了一下订房记录表,回答客人说:"由于三天以后酒店要接待一个大型国际会议的多名代表,标准双人客房已经全部订满了。"小王讲到这里并未就此把电话挂断,而是继续用关心的口吻说:"您是否可以推迟两天来,要不然请您直接打电话与南京××酒店联系,如何?"美国客人说:"我们对南京比较陌生,你们酒店比较有名气,还是希望你给想想办法。"小王暗自思量以后,感到应该尽量勿使客人失望,于是接着用商量的口气说:"感谢您对我们酒店的信任,我们非常希望能够接待像您这样尊敬的客人,请不要着急,我很乐意为您效劳。我建议您和朋友准时来南京,先住两天我们酒店内的豪华套房,每套每天也不过收费280美元,在套房内可以眺望紫金山的优美景色,室内有红木家具和古玩摆饰,提供的服务也是上乘的,相信你们住了以后会满意的。"

小王讲到这里故意停顿一下,以便等客人的回话。对方沉默了一些时间,似乎在犹豫,于是小王开口说:"我料想您并不会单纯计较房价的高低,而是在考虑这种套房是否物有所值,请问您什么时候,乘哪班火车来南京?我们可以派车到车站迎接,到店以后我一定陪您和您的朋友参观一下套房,您可以参观完后再做决定。"

客人听小王这么讲,倒有些感到盛情难却了,最后终于答应先预订两天豪华套房,然后挂上了电话。

(资料来源:王秀红《前厅客房服务与管理》,北京理工大学出版社,2019年版,略有改动。)

八、避免把客房置于销售不利位置

旺季期间,酒店可供散客选择的房间很少。这些客房的位置往往不好,比如看不到景观的房间,或靠近电梯的房间,又或是在酒吧休息室上层的房间。没有得到适当培训的前台员工会不经意地以消极的方式向客人介绍这些位置不好的客房,让客人觉得房间价格过高或是房间标准没有达到应有的水平。酒店应该培训员工传达供应有限的信息来让客人产生客房供不应求的感觉,比如说"很幸运,今晚我们仍有一些可供您选择的房间",或者说"太好了,今晚我们还有××的客房保留着",以促使客人购买。

即学即测

1. 酒店之间的竞争主要体现在哪些层面?
2. 酒店的差异产品表现为哪些方面?

3. 酒店客房定价主要有哪三大类型？
4. 影响客房价格制定的因素有哪些？
5. 客房销售有哪些技巧？

 **实战训练**

一、实训要求
(1) 熟悉酒店产品，掌握客房销售的基本流程。
(2) 能够充分体察消费者心理，有针对性地进行酒店产品销售。
二、实训项目

客 房 销 售

任务实施：
(1) 观看视频，让学生了解客房销售流程。准备几份不同酒店、不同客房类型的资料，先让学生阅览熟悉。将学生分组，每2人一组，设置前台客房销售情境，1人扮演前厅部员工，1人扮演客人，模拟客房销售过程。
(2) 完成一轮实训后，学生双方互换角色，再进行一次实训，交流在模拟实操中的心得，思考自己实训中存在的不足。
(3) 指导教师点评，总结任务要点。

 **案例分析**

酒店调整营销策略之后

某酒店是北京一家四星级的商务型酒店，原有280间标准客房和各式套房，并拥有较为完备的商务和其他服务设施。酒店开业7年来，出租率一直稳定在80%以上，且平均房价一直居于同星级酒店的前列。而后，酒店对原有的另一幢非出租的内部公寓进行了更新改造，从而增加了250间客房。与此同时，北京其他四星级酒店也纷纷进入市场，加上市场外部环境的影响，致使该酒店出租率下滑到不足40%。

于是，该酒店管理层调整营销策略，促使销售部采取各种方式来提升出租率。经过3个月的努力，酒店的出租率上升了30%，然而，由于新增客源主要是旅行团队，所以平均房价由原来的95美元下降至不足60美元。此外，酒店原有老客户由于不满意目前的客源混杂现象，纷纷向酒店抱怨，有些长住客户决定搬出酒店。员工对接待旅游团也不适应，因而在来客登记和客人离开结账时大堂经常出现混乱现象，客房清理不及时和行李不能按时送达等现象也时有发生。这些都对酒店的经营提出了挑战。

(资料来源：根据相关资料整理。)
思考讨论：
酒店做营销策略调整需要注意哪些问题？

案例评析：

酒店在调整营销策略的时候不能只是考虑市场的需求，还要充分估计客户群体的变更带来的成本变化。该酒店习惯于经营一种为高端客户提供服务的业务类型，这样突然转型为低端市场的提供者，服务没有跟上，转型存在一定问题，与公司的价值理念也不匹配，因此，转型效果与原先设想之间的差距比较大。

项目六
前厅部的宾客关系管理

 项目目标

知识目标
1. 了解投诉的原因。
2. 熟知投诉处理原则。
3. 了解客史档案的用途。
4. 熟悉客史档案的内容。

能力目标
1. 掌握投诉处理流程。
2. 掌握客史档案管理流程。
3. 掌握线上平台客人关系维护与管理的方法。

素质目标
1. 具备良好的服务意识。
2. 具备较强的洞察力。
3. 具备较强的应变协调能力。

 **思维导图**

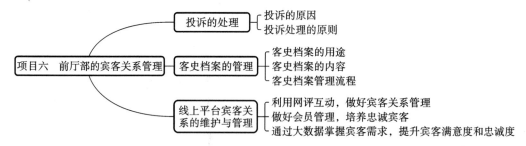

高星级酒店为建立和维护良好的宾客关系,一般在前厅部设大堂副理(大堂副理的岗位职责参见项目一"前厅部概述")或宾客关系主任(Guest Relations Officer,简称

GRO）。宾客关系主任直接向大堂副理或值班经理负责，协助执行和完成大堂副理的所有工作，如处理宾客投诉、征求宾客意见、协调宾客关系、建立与管理客史档案等。

任务一 投诉的处理

酒店服务的目标是使每一位客人满意。可事实上，即便是豪华的高星级酒店也不可能百分百地让客人满意，投诉是不可避免的。对于酒店存在的问题，正所谓当局者迷，管理者不一定能及时发现。客人投诉恰好可以让酒店发现服务和管理中存在的问题与不足。通过投诉，酒店可以了解到客人的"不满意"，这其实也为酒店提供了一次极好的机会，改善宾客关系，将"不满意"的客人转变为"满意"的客人，消除客人对酒店的不良印象，减少负面宣传；通过投诉，酒店可以不断地发现问题，解决问题，改善服务，完善设施设备，提高管理水平。

一、投诉的原因

（一）酒店的硬件设施设备

此类投诉是指因酒店的设施设备不能正常运行，给客人带来不便甚至伤害而引起的客人投诉。

（二）酒店的软件服务

此类投诉是指服务人员在服务态度、服务礼节礼貌、服务技能、服务效率、服务纪律等方面达不到酒店服务标准或客人的要求与期望而引起的客人投诉。例如，服务人员在对客服务中不主动、不热情，结账时间过长等。

（三）酒店的食品及饮料

此类投诉是指因酒店食品及饮料出现卫生及质量问题，如过期变质、口味不佳、不清洁等而引起的客人投诉。

（四）酒店安全状况

此类投诉是指客人在酒店因人身安全、财产安全或心理安全受到侵犯而引起的投诉。例如，客人的隐私不被尊重等。

（五）酒店相应的规定及制度

此类投诉是指客人因对酒店的有关政策规定及制度产生不满而引起的投诉。例如，客人对酒店的房价、入住登记手续、会客等方面的规定不认同而引起的投诉。

二、投诉处理的原则

（一）先处理感情再处理事情

当客人怒气冲冲地前来投诉，酒店服务人员应先缓和其激动的情绪，处理好感情，才能有利于问题的解决。首先，应该选择安静的处理投诉的地点，避免在公众场合；其次，耐心倾听，让客人把话说完，即使客人错了，也绝不要与客人争辩，让客人情绪稳定下来。

（二）真心诚意地帮客人解决问题

只有设身处地为客人着想，真心诚意地帮助客人解决问题，才能赢得客人的信任和好感，才能有助于问题的解决。

（三）不损害酒店的利益和形象

处理投诉时，我们既要真诚地为客人解决问题，保护客人的利益，同时也要注意保护酒店的正当利益，维护酒店的整体形象。不能只听客人的陈述，为了讨好客人而轻易表态，给酒店造成损失；更不能顺着或诱导客人抱怨酒店某一部门，贬低他人，推卸责任，使客人对酒店的整体形象产生怀疑。对于涉及经济问题的投诉，要以事实为依据，具体问题具体分析，使客人不蒙受不应有的经济损失，也使酒店不无故承担赔偿责任。要时刻记住，仅从经济上弥补客人的损失和伤害不是解决问题的唯一有效方法。

投诉处理流程

任务二　客史档案的管理

客史档案是酒店在对客服务过程中对客人的自然情况、消费行为、信用状况、偏好和期望等做的记录。

一、客史档案的用途

（一）有利于酒店提供个性化服务，建立良好的宾客关系

通过查看客史档案的资料信息，酒店在客人抵店之前就可以提前做好充分的服务准备，并在客人抵店时有针对性地根据客史需求，提供个性化服务，建立良好的宾客关系。

（二）有助于酒店制定营销策略，提高经营决策的科学性

通过客史档案，酒店可以根据客人需求，有针对性地进行营销活动；同时，客史档案信息也有助于酒店对未来客源市场进行预测，从而提高酒店经营决策的科学性。

二、客史档案的内容

（一）常规档案

常规档案主要包括客人姓名、性别、国籍、年龄、出生日期、婚姻状况、通信地址、电话号码、单位名称、职务头衔等。建立常规档案有助于酒店了解目标市场客人的基本情况，真正明确"谁是我们的客人"。

（二）预订档案

预订档案主要包括预订方式、预订的时间（年、月和日）、预订的种类、预订单位、预订人等。建立预订档案有助于酒店选择合适的销售渠道，有针对性地做好促销工作。

（三）消费特征档案

消费特征档案主要包括客房的类型、房价、餐费，以及在商品、娱乐等其他项目上的消费；客人的信用程度；客人对服务设施的要求、喜好等。建立消费特征档案有助于酒店了解客人的消费水平、支付能力、消费倾向以及信用状况等。

（四）个性档案

个性档案主要包括客人的性格、爱好、生活习惯、宗教信仰、禁忌、住店期间的额外特殊要求等。建立个性档案有助于酒店有针对性地为客人提供个性化服务。

（五）反馈意见档案

反馈意见档案主要包括客人住店期间的意见、建议、表扬、投诉和处理结果等。建立反馈意见档案有助于酒店发现问题，加强沟通，做好针对性服务，提高服务质量。

客史档案卡如表 6-1 所示。

表 6-1　客史档案卡

姓名		性别		客源类别	
国籍		省会		教育程度	
证件号码		出生日期		联系电话	
职业		职务		电子邮箱	
工作单位		单位电话		传真	
会员卡号		享受折扣		预订方式	
个人账号		付款方式		信用程度	
其他资料					
住宿习惯及特殊要求					
饮食爱好及特殊要求					
表扬、投诉及处理					
消费累计			不良记录		
填表人			填表日期		

三、客史档案管理流程

（一）客史资料的收集

及时、准确地收集和整理客史档案资料，是做好客史档案管理工作的基础。这既要求酒店采取切实可行的信息收集方法，又要求酒店前厅部和其他对客服务部门要用心服务，善于捕捉有用信息。需要注意的是，收集、运用客人信息要合理、合法，并确保信息安全。客人信息收集的渠道主要有以下几种。

1．总台

总台主要通过客人预订、入住登记、退房结账等环节收集有关信息。

2．大堂副理

大堂副理主要通过拜访客人和处理投诉来收集客人的意见、建议与需求等信息。

3．客房部、餐饮部、营销部、康体部等一线服务部门

客房部、餐饮部、营销部、康体部等一线服务部门，在直接对客服务中，应耐心观察，并及时记录相关信息。

4．其他渠道

酒店可通过自建的官网、微信公众号和第三方电子商务等平台，收集、整理客人消费情况和消费偏好等信息。

（二）客史资料的分类存档

酒店的客史档案资料管理工作一般由前厅部承担。

为了便于客史档案的管理和使用，应对客史档案进行分类存档。如按客人重要性，可分为重点VIP客人、VIP客人、普通客人等；按国别和地区，可分为国外客人和国内客人；按籍贯划分，即根据客人所在省（区、市）进行细分。归类整理好并存档是客史档案有效运用的基础和保证。

（三）客史资料的有效运用

建立客史档案的目的是使其在服务过程中发挥有效作用，不断提高酒店的服务质量和经营管理水平。

1. 预订员运用客史档案

客人订房，如是回头客，预订员可查询、调用以往客史资料，尽可能满足客人的个性需求，并打印客史档案卡，与订房资料一道存放，按时传递给前台接待员；如是首次订房，预订员应将常规资料和特殊要求录入系统，并按时传递给前台接待员。

2. 接待员运用客史档案

无预订客人抵店，如是回头客，前台接待员应在客人办理入住登记时调出其客史档案，以提供个性化的服务；如客人是第一次住店，前台接待员应将有关信息录入系统。对于涉及客房、餐饮、康体等部门服务要求的，要及时将信息传递到位，以便各部门提供个性化的服务。同时也要注意收集和整理来自其他服务部门的有关客史信息。客人离店后，要将客人的客史档案进行更新、补充和完善。

同步案例

五年前的记忆

我国旅游界著名学者王连义教授数年前曾到泰国，为了探访世界著名酒店——曼谷东方酒店的成功奥秘，他在回国前一天的午夜时分找到这家酒店，在他的要求下如愿见到了该酒店的公关部经理。王教授觉得这么晚了打扰人家实在不好意思，于是只简单地问了一个实则不简单的问题：曼谷东方酒店的成功奥秘何在？

这位公关部经理也十分简单地用一句话和一个例子作为回答后就结束了这次谈话。这句话是"东方酒店的成功源于最大限度地展示东方的礼节礼貌和最大限度地采用西方的先进设备"。那么例子呢？公关部经理娓娓道来："王教授，在您坐的这个位置上三天前曾坐过一位美国客人史密斯先生。他落座后向服务员要了一杯咖啡。咖啡送到后，服务员立即往杯中放了两块糖，正想说'请慢用'时，客人却先开口了：'小姐，你怎么知道我要两块糖？'客人的表情明显带着不满，而愠怒的语气表达的弦外之音是服务员太自作主张了！服务员马上向这位客人深深地鞠了一躬，沉着地说：'史密斯先生，五年前您在这里喝咖啡都是要求放两块糖的，所以我就这么放了。如果有什么不对，我立即改正。''你还知道我的名字？你还记得五年前的情形？

太棒了!'史密斯先生顿时展开笑颜,冲着服务员伸出拇指直夸奖。"

（资料来源:陈文生《酒店经营管理案例精选》,旅游教育出版社,2007年版,略有改动。）

3. 定期清理客史资料

为了充分发挥客史档案的作用,酒店应每年系统地对客史档案进行1或2次检查和整理,检查资料的准确性,整理和删除过期档案。

任务三　线上平台宾客关系的维护与管理

线上平台宾客关系的维护与管理是前厅部宾客关系管理的重要组成部分。随着电子商务的发展,越来越多的酒店利用官网、OTA、微信公众号、微博、抖音等平台进行产品推广和宾客服务。线上平台宾客关系的维护与管理主要是对宾客信息、宾客服务进行维护与管理,进而提升宾客的满意度和忠诚度,促使他们与酒店长期保持良好的关系。

一、利用网评互动，做好宾客关系管理

线上平台中的"宾客留言""联系我们""意见与建议"等栏目是酒店与宾客互动的重要渠道。宾客消费之后,经常会进行点评。酒店应及时回复宾客在电子商务平台上的点评,最好在48小时内回复。当宾客给出好评时,酒店应及时感谢他们的认可和赞许,以提升宾客的体验;当宾客给出差评时,酒店应以谦和的态度进行回复和解释;当宾客投诉时,应快速回应,积极采取补救措施,做好宾客关系修复工作。

二、做好会员管理，培养忠诚宾客

酒店会员管理对宾客忠诚度的培养来说有着无可比拟的优势。会员卡不仅是宾客权益的体现,也是尊贵的象征。线上会员因为电子商务平台互动便利,较为活跃,可以不断充实宾客的信息资料,收集和了解宾客的偏好、习惯、需要和愿望并给予关注,有助于培养忠诚宾客。酒店应该制定一套专业的会员管理体系,做好会员关系的维护与管理。例如,系统设置自动发送生日提醒,发送短信邀请宾客来店入住:"尊敬的×先生/女士,您好!您的生日×月×日就要到了,首先祝您及家人生活愉快,工作顺利! 房间已为您预留好,欢迎您入住!"

三、通过大数据掌握宾客需求，提升宾客满意度和忠诚度

电子商务时代，运用大数据为酒店的经营管理提供指导尤为重要。酒店通过电子商务平台收集客史档案信息，建立数据库，并对其进行对比、分析，能更好地了解、把握宾客需求。比如通过大数据，分析宾客喜欢通过哪些渠道来购买酒店产品、宾客的消费能力如何，大部分宾客的偏好和需求是什么，等等，从而根据宾客的需求，定期向其推送相关产品信息，并采取有针对性的服务措施，提高宾客的满意度和忠诚度。

1. 处理客人投诉的原则是什么？
2. 客史档案的内容主要有哪些？
3. 收集客史档案资料的主要途径有哪些？

一、实训要求

（1）熟练掌握处理客人投诉的方法与程序。

（2）掌握处理对客关系的技巧。

二、实训项目

1. 处理客人投诉

任务实施：

（1）将学生分组，每2人一组，1人扮演前厅部服务员，1人扮演客人，模拟处理客人投诉的流程。

（2）完成一轮实训后，学生双方互换角色，再进行一次实训，然后各自谈谈感受，并说出实训中存在的不足。最后，指导教师点评，总结任务要点。

任务道具：

电话、工作日志、笔等。

程序与标准：

处理客人投诉的程序与标准如表6-2所示。

表6-2 处理客人投诉的程序与标准

序号	程序	标准
1	听	认真倾听，让客人发泄不满情绪，是对客人的礼貌与尊重，也只有认真倾听才能更好地了解情况，找出客人投诉的原因
2	记	做好记录，不仅可以显示出酒店对客人的尊重与重视，还可以使客人放慢讲话速度，缓和其激动的情绪，便于问题的解决

续表

序号	程序	标准
3	说	说一些表示同情、理解及真诚致歉的话。听完投诉后,即使客人说的不完全是事实,或者失误也不在酒店,但至少客人此时感觉到不舒服、不愉快,作为服务人员应以合适的语言表达出对客人的理解与同情,如"对不起,发生这样的事情我们感到十分抱歉,我们理解您现在的心情……"等。表达出设身处地为客人着想、理解客人的情况,会减少客人的不满情绪,从而有利于问题的解决
4	问	如果有必要,向其他服务人员咨询相关情况,明确所有的细节,发生的具体事件、现状、利害关系;如果存在多种问题,将它们分开来处理;如果问题以前发生过,参考上次是如何解决的
5	析	分析问题产生的原因是酒店的原因(硬件设施设备的问题、软件服务的问题)还是客人自身的原因
6	答	给客人答复。向客人说明解决方案,征得同意后,立即采取行动,进行补救或赔偿。时间和速度是酒店执行补救方案的关键因素
7	跟	及时与客人取得联系,跟踪客人的投诉是否圆满地得到解决,收集整理客人的反馈意见,将其记入客人的客史档案,避免客人再次抵店时发生类似的投诉事件。最后,感谢客人让酒店发现问题
8	防	如果是酒店硬件的问题,应立即找人维修;如果是服务员的问题,应视情况追究责任,并将此事详细记录下来,总结经验,归类存档,列入培训资料,防止此类问题再次出现

2. 采访星级酒店的大堂经理

任务实施:

(1)将学生分组,5—7人一组,每组选择当地一家星级酒店进行走访调查。

(2)采访星级酒店的大堂经理,请其说说处理客人投诉时使用的方法和技巧。

(3)各小组将收获形成书面报告,由教师安排时间在班级内部交流、分享,各组报告应各具特色。

 案例分析

没有按时叫早,客人误机了

王先生入住某酒店,他已购买了第二天上午10:00的机票,因担心睡过头而误机,遂与酒店前台预约了"叫醒服务",并叮嘱服务员一定要准时叫醒自己。第二天,王先生自己醒来时,发现已经是上午8:00了,很可能赶不上飞机了,于是对酒店进行投诉。

(资料来源:根据相关资料整理。)

思考讨论:

假如你是值班经理,你要怎样处理该投诉?

案例评析：

可根据"听—记—说—问—析—答—跟—防"八步法进行处理。其中"答"，即给客人答复，向客人说明解决方案。如果确因酒店员工操作失误导致客人误机，值班经理应确定由酒店立即送客人到机场是否还来得及，如果时间允许，应立即送客人至机场；同时应通过电话与机场进行沟通"我店有一位客人已在去机场的路上，恳请机场方允许其到达后立即登机"（因为一般客人都要至少提前半小时登机）；如果时间已来不及，酒店应将客人安顿好，如果原来的房间已经退掉，应考虑安排高一档次的房间让客人续住，并通过酒店的航空售票处协助客人签转机票（如不能签转，应为客人另外购买一张机票），同时所涉及的房费、餐费、交通费、电话费均由酒店承担。征得客人同意后，酒店员工应立即采取行动，进行补救。

视频讲解

项目七
客房部概述

 项目目标

知识目标
1. 了解客房部在酒店中的地位与作用。
2. 了解客房部的组织结构和岗位职责。
3. 了解客房类型与客房设备用品的配备。

能力目标
1. 熟悉客房部的主要工作任务。
2. 掌握为客人提供个性化服务的方法。
3. 掌握客房功能设计的一般原则。

素质目标
1. 了解客房部业务特点。
2. 具备客房部员工应具备的基本素养。

 思维导图

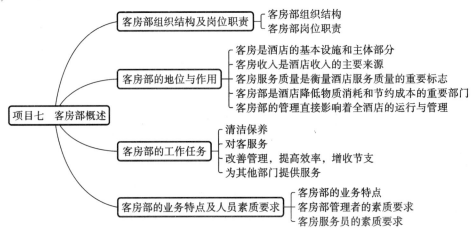

任务一　客房部组织结构及岗位职责

客房部是酒店的重要组成部分,在很大程度上体现了酒店的整体形象。客房部的组织结构是否合理、严密,是客房部做好管理、保持正常服务水平的重要保证。它明确了酒店员工的工作岗位,职责及业务范围。由于各酒店的规模档次不同、经营管理方式各异,各酒店客房部组织结构的具体情况有一定的差异。

一、客房部组织结构

(一) 客房部组织结构设计的原则

1. 统一领导,分级管理

客房部的组织结构是为保证客房出租和相关服务的完成而设计的,因此应该遵循统一领导、分级管理的原则。要从系统观念出发,将客房的机构设置、部门划分、人员配备统一纳入整个酒店的组织管理中,由酒店总经理或主管的副总经理领导。另外,客房部还要合理确定管理层次和管理幅度,将部门划分、项目管理、班组划分相结合,明确各部门、各项目、各班组的工作内容和岗位职责,形成分级管理的责任体系。

2. 从实际出发,精简原则

客房部组织结构的设计应该从酒店的规模、档次、设施设备、管理思想及服务项目等实际出发,进行合理设置,防止机构臃肿和人浮于事的现象,特别注意要"因事设人",而不能"因人设事"或"因人设岗";此外还要注意,"机构精简"并不意味着机构的过分简单化,以致出现职能空缺的现象。

3. 专业分工和协调配合相结合

酒店客房的结构设置要重视专业分工,明确各岗位人员的职责和任务、上下级隶属关系及信息传达的渠道和途径。同时,又要充分重视客房部内部各机构之间及其与酒店销售、餐饮、工程、财务等部门之间的协调与配合。这样才能保证客房服务与管理的顺利展开。

(二) 客房部组织结构设计的方式

客房部像一台快速运转的机器,是一个专职分工、层次分明、沟通性能好的有机整体。客房部的正常运转依赖于科学合理的组织。由于酒店性质、规模、档次不同,业务范围和经营管理方式各异,以及运行机制和接待服务模式的区别,各酒店客房部的组织结构不尽相同,主要表现在横向层次和纵向层次。

1. 横向层次

由于受设施设备、人力条件的限制,国内、外酒店客房接待服务的方式有所不同,大体可分为两种模式：一是楼层服务台模式，二是客房服务中心模式。其中，客房服务中心模式是国际惯用的服务模式，而我国酒店过去多采用楼层服务台模式。客房服务中心模式注重效率、实行统一调控，楼层服务台模式则突出面对面的专职接待服务，因此，二者在客房部的岗位设置和人员配备量上存在区别。此外，有的酒店既设楼层服务台，也设有客房服务中心。

2. 纵向层次

大型酒店客房部业务范围大，组织结构比较完整，其基本特点是分支机构多、工种岗位齐全、职责分工细，一般有部门经理、主管、领班、服务员四个层次。中小型酒店客房组织结构相对来说比较简单，工种、分支机构和层次较少。小型酒店一般不设洗衣房，客房、餐厅等所需的布件及客房的洗熨由专业洗衣公司来承接。公共区域服务组内不设专门的清洁工种，一些专业性强的清洁工作如地毯清洗、外墙清洗可外包给专门的清洁公司。小型酒店客房部一般只有部门经理、领班、服务员三个层次。目前，酒店组织结构的发展趋势是扁平化，客房部也应尽可能减少管理层次，以提高管理效率，降低管理费用。

（三）客房部组织结构的设计

随着酒店的规模大小不同、性质不同、特点不同及管理者的管理意图不同，客房部组织结构的设计也会有所不同。这表现在以下几方面。

（1）大型酒店管理层次多，而小型酒店管理层次少。大型酒店可能有客房部经理、主管、领班、服务员四个层次，而小型酒店可能只有经理、领班、服务员三个层次。不过在21世纪，酒店管理的发展趋势是组织结构的扁平化，包括客房部在内的酒店各部门将尽可能地减少管理层次，以提高沟通和管理效率，降低管理费用。

（2）大型酒店的组织结构复杂，而小型酒店的组织结构简单。大型酒店的客房部可能设有洗衣房、花房等，而小型酒店则没有。

（3）考虑到酒店前厅部与客房部的联系极为密切，有的酒店将其前厅部和客房部合二为一，称为"客务部"或"房务部"。也有的酒店考虑到前厅部的销售功能，将前厅部划归酒店的公关销售部，而将客房部设置为独立的部门。

大、中型酒店客房部的组织结构如图7-1所示，小型酒店客房部的组织结构如图7-2所示。

二、客房部岗位职责

由于不同酒店的客房规模、管理体制不同，岗位设置也略有不同。

（一）客房部经理

1. 直接上级

客房部经理的直接上级为总经理或主管副总经理、房务总监。

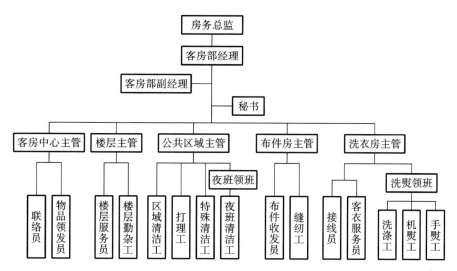

图 7-1　大、中型酒店客房部的组织结构

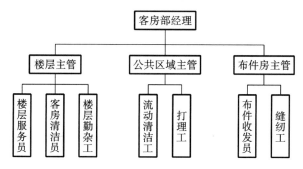

图 7-2　小型酒店客房部的组织结构

2. 直接下级

客房部经理的直接下级为客房部副经理、秘书、客房中心主管、楼层主管、公共区域主管、布件房主管、洗衣房主管。

3. 岗位职责与工作任务

（1）主持客房部工作，向总经理或房务总监负责；

（2）负责计划、组织、指挥及控制所有房务事宜，确保客房部的正常运转和各项计划指标的完成；

（3）制定客房部员工的岗位职责和工作程序，确定用人标准和培训计划，并监督执行；

（4）同有关部门沟通协作，保证客房部工作顺利完成；

（5）巡视客房部管辖范围，检查卫生、绿化、服务质量和设施设备运行情况，及时发现问题并研究改进方法；

（6）提出客房更新改造计划和陈设布置方案，确定客房物品、劳动用品用具的配备选购，提出采购方案；

（7）制定房务预算，控制支出，降低客房成本，提高获利水平；

（8）处理投诉，收集客人的要求及建议，改进工作；

(9) 建立合理的客房劳动组织,制定劳动定额和定员;
(10) 对员工进行考核奖惩,选拔培养,调动员工的积极性;
(11) 抽查客房,检查 VIP 房;
(12) 探访病客和长住客;
(13) 监督客人遗留物品的处理;
(14) 检查各项安全工作。

(二) 楼层主管

1. 直接上级

楼层主管的直接上级为客房部经理。

2. 直接下级

楼层主管的直接下级为楼层领班。

3. 岗位职责与工作任务

(1) 接受客房部经理指挥,主持所分管楼层的房务工作;
(2) 督导楼层领班和服务员的工作;
(3) 巡视楼层,抽查客房卫生,查看 VIP 房和走客房;
(4) 处理夜间突发事件及投诉;
(5) 与前厅接待处密切合作,提供准确的客房状况。

(三) 楼层领班

1. 直接上级

楼层领班的直接上级为楼层主管。

2. 直接下级

楼层领班的直接下级为楼层服务员。

3. 岗位职责与工作任务

(1) 安排、指导所分管楼层的服务员和杂役工作,并督促、检查其按时、按质完成任务;
(2) 负责楼层物品存储消耗的统计与管理,维持适当的存货,避免短缺和丢失,提出各种用品需要量的申领;
(3) 掌握客情,核准房间状态,做好 VIP 各项服务接待工作;
(4) 巡视楼层,全面检查客房卫生、设备维修保养情况、安全设施和服务质量,确保达到规定标准;
(5) 查看房间维修保养事宜,严格控制维修房的数量,发现有需要维修或大清洁的房间和特殊情况的房间及时报告主管;
(6) 维护楼层安全,做好消防工作;
(7) 填写领班报告,向主管报告房况、住客特殊动向,处理和报告客人物品遗留、遗失、损坏等情况;
(8) 安排管区客房计划卫生;
(9) 督促服务人员正确使用和保养劳动工具,指导员工正确使用清洁剂,以防浪费。

（四）客房服务员

1. 直接上级

客房服务员的直接上级为楼层领班。

2. 直接下级

客房服务员无直接下级。

3. 岗位职责与工作任务

（1）清洁整理客房，补充客用消耗品；填写做房报告，登记房态；

（2）为住客提供日常接待服务和委托代办服务；

（3）提供客房小酒吧的消耗情况并按规定补充物品；

（4）熟悉住客姓名、相貌特征，留心观察并报告特殊情况；

（5）检查及报告客房设备、物品遗失及损坏情况；

（6）当有关部门员工须进房工作时，为其开门并在旁边照看。

（五）公共区域领班

1. 直接上级

公共区域领班的直接上级为公共区域主管。

2. 直接下级

公共区域领班的直接下级为公共区域服务员。

3. 岗位职责与工作任务

（1）每日班前看交接簿及留意当日公共区域的主管提示；

（2）检查员工签到记录，合理安排下属员工工作；

（3）检查管区的清洁保养效果；

（4）随时检查员工的工作情况，检查清洁用品及器具，并及时进行调整，发现异常情况及时汇报；

（5）指导下属工作，评估下属的工作质量；

（6）负责员工的业务培训，提高他们的清洁保养技术。

任务二　客房部的地位与作用

尽管现代酒店正在向多功能化方向发展，但满足客人的住宿要求仍然是酒店最基本、最重要的功能，客房仍是酒店的基本设施，客房部是酒店的一个重要职能部门，它不但在酒店纷繁的日常服务工作中担任着极其重要的角色，而且在酒店的经营管理中起着重要的作用，主要表现在以下几个方面。

一、客房是酒店的基本设施和主体部分

旅游者到达一个陌生之地,首先必须有地方住宿、休息,这是旅游活动能够持续进行的基本条件。客房是人们旅游住宿的物质承担者,是客人的"家外之家",住酒店从本质上讲就是住客房。因此,客房是酒店必不可少的基本设施,缺少了则不能称之为酒店。这是酒店区别于酒楼、酒家的关键。

从建筑面积看,客房面积一般占酒店总面积的70%左右。由于客房的服务、管理、销售活动还需与前厅部、洗衣房等部门共同完成,所以加上这些,客房服务部总面积将达80%左右。同时,客房的数量决定着酒店的规模。按照国际标准,拥有300间以下客房为小型酒店,拥有300—600间客房为中型酒店,拥有600间以上客房为大型酒店。从酒店的人力资源配备来看,酒店的人员编制是以客房数量为依据的,一般每间客房配备的员工数量为1.2—1.5人。客房数量多,这个酒店员工的规模就大。另外,客房经营活动所需设施设备、低值易耗品的价值量要占酒店各种物资设备总价值的绝大部分。因此,无论从哪方面看,客房在酒店中都处于绝对的优势,是构成酒店的主体,是酒店最基本、最重要的设施。

二、客房收入是酒店经济收入的主要来源

酒店的经济收入主要来源于客房收入、餐饮收入和综合服务设施收入三个部分。一般而言,客房收入占酒店全部营业收入的50%以上,在一些服务设施、服务项目较少的经济型酒店,这个比例更高。因此,酒店最主要的产品是客房,客房收入成为酒店经济收入的重要来源,且客房收入较其他部门收入更加稳定。

在酒店经营活动中,客房消耗低,虽然初建时投资大,但耐用性强,经过服务人员清洁整理和补充少量物品后的客房,又可再销售并不断循环。客房创利较高,客房利润通常占酒店总利润的60%以上。因此,客房出租率是酒店追求的主要经济指标,它是酒店经济效益的尺度。为此,在经营管理过程中,要不断提高客房的服务质量,尊重客人的需求,使客人满意,尽可能保持较高的客房出租率,为酒店创造更大的经济效益。同时,客人住店后,还要用餐、购物、娱乐等,所以提高客房利用率不仅会增加客房的经济收入,还可以带动酒店其他部门的经营收入,提高整个酒店的经济效益。因此,客房销售是带动其他部门经营活动的关键。在酒店经营中,客房处于龙头位置,只有龙头摆动起来,整个龙身才能活。

三、客房服务质量是衡量酒店服务质量的重要标志

科罗拉多斯普林斯布罗德穆尔酒店的董事长兼总经理卡尔埃托尔指出,酒店高水平的标志是高质量的客房服务。现代旅游是一种高级消费形式,旅游者不仅要求物质

享受,而且要求精神享受,他们住进酒店客房,一般都要求有完善的设备、清洁的环境、较多的服务项目和高质量、高效率的服务水准。客房是旅游者在旅途中的"家",是客人在酒店中逗留时间最长的地方。因此,客房是否洁净舒适,装饰布置是否美观,房内设施、物品是否完好齐全,服务态度是否热情周到等,成为直接影响客源的重要因素。假如,客人在住店期间得到热情、周到的服务,就必然会提高酒店声誉和竞争能力,延长客人逗留时间和增加他们旧地重游时再次入住本酒店的机会,并扩大客源市场。客房服务质量水平是客人评价酒店服务质量的重要依据之一,直接反映了整个酒店的服务质量和管理水平,对酒店的等级与声誉起着举足轻重的作用。

四、客房部是酒店降低物质消耗和节约成本的重要部门

客房产品的生产成本在整个酒店成本中占据较大比重,例如,能源(水、电)及低值易耗品、各类资料用品等日常消耗较大。客房部的任务之一就是要在满足客人要求的前提之下,控制物品消耗、减少成本支出。因此,需要加强客房设备用品的管理,合理制定消耗定额,切实做好设备的维护保养工作,提高设备用品的使用效率,科学合理地配备、使用劳动力,减少浪费,降低成本,使酒店获得良好的经济效益。同时,酒店还担负着管理酒店固定资产的重任,整个酒店客房楼层、公共设施设备的日常保养及维护是客房部的重要工作任务。

五、客房部的管理直接影响全酒店的运行与管理

客房部负责为酒店全体员工保管、清洗、修补、发放制服,为餐饮部提供各类布巾。因此,客房部为酒店其他各部门的正常运行创造了良好的环境和物质条件。同时,在全体员工总数中客房部员工占了很大的比例,客房部员工素质的提高对酒店员工队伍素质和服务质量的提高有着举足轻重的作用。总之,客房部的管理与酒店的全局管理直接有关,客房部是影响整个酒店管理的关键部门之一。

任务三 客房部的工作任务

一、清洁保养

清洁保养,即清除各种污迹,保证环境及物品的清洁卫生,它是客房部的基本职能。客房部不仅要负责客房及楼层公共区域的清洁和保养,还要负责酒店其他公共区域的清洁和保养。将酒店清洁工作归口于客房部符合专业化管理的原则,有助于提高工作

效率，可以减少清洁设备的投资，并有利于加强设备的维护和保养。

二、对客服务

酒店是客人在外休息、工作、娱乐的场所，客人不仅下榻于此，而且以此为"家"。客房部为客人提供各种服务就是要使客人有一种家的感觉。客房部为客人提供的服务有迎送服务、洗衣服务、房内小酒吧服务、托婴服务、擦鞋服务、夜床服务、会客服务等。这些服务不仅是客人的需求，也是星级酒店客房服务的要求。客房部管理人员的工作应符合国家星级酒店评定标准的要求，根据本酒店目标客源市场的特点，提供相应的服务，并根据客人需求的变化不断改进自己的服务，从而为客人创造一个良好的住宿环境。

三、改善管理，提高效率，增收节支

随着酒店规模的不断扩大和竞争的日益加剧，酒店对客房部人、财、物的管理已成为一项非常重要的工作。由于客房部是酒店中人员最多的部门，对其人员费用及物品消耗的控制成功与否，关系到酒店能否盈利。客房管理者的职责也从单一的清洁质量的管理扩展到定岗定编、参与招聘与培训、制定工作程序、选择设备和用品以及对费用进行控制等。

四、为其他部门提供服务

酒店是一个整体，需要各部门的通力合作才能正常运转。客房部的运行需要得到其他部门的支持与帮助。同时，在为其他部门提供服务方面，客房部也扮演着重要的角色。例如，为其他部门提供工作场所的清洁与保养，布件的洗涤、保管和缝补，制服的制作、洗涤与更新，以及鲜花、场景的布置等。以上这些服务水准的高低，直接影响酒店的服务质量，反映酒店的管理水平。

任务四 客房部的业务特点及人员素质要求

一、客房部的业务特点

客房部具有四大业务特点。

（一）服务性

客房装修华丽并配备各种设备用品，酒店为此花费巨大。但客人不会仅仅满足于此，因为他们还需要更多的方便，需要酒店进一步提供各种服务，诸如清扫、洗衣、送餐等服务。酒店必须满足客人的这些需求，因此，服务成为客房商品价值的重要组成部分。从客人入住到离店，从购买客房商品到消费结束，每一环节都离不开服务。客人初次选择下榻酒店时，多关注其外在的建筑、环境以及设备设施等硬件水平，而入住之后，在相当大的程度上，服务水平高低就成为客人判断自己的选择是否正确的依据了。

（二）随机性

客房部所涉及的工作内容繁多，工作空间广泛，在接待服务过程中具有很大的不可控性。在这种情况下，为了保证服务质量，客房管理除了按照传统的管理模式进行外，还需有自己的管理特色，即管理的随机性。

现代酒店房务工作繁杂而又含有许多不可事先预知的因素，如两个团队进出时间相差无几，若客房清扫不及时，结果会很麻烦。有的客人还会提出特殊服务要求，客人是上帝，只要其要求正当合理，有条件满足的都应该满足。这样就会给服务人员增添计划外的工作量和工作难度。客房部员工必须有强烈的责任心和服务意识，主动自觉地提供灵活服务，为客人排忧解难。客房部员工还需要有广泛的知识，如心理学方面的知识可以用来揣摩客人心理；同时，也要有独立判断、解决问题的勇气和能力。

（三）复杂性

客房部的工作范围广，涉及内容复杂，除了要保持客房的清洁安全，还要对整个酒店的环境卫生、装饰绿化、设备保养、布件和制服的洗涤保管及式样设计负责。客房部拥有的员工数量、管理的设备物质、开支的成本费用与酒店其他部门相比是很高的，因此管理起来也相当复杂。看起来简简单单的清洁工作也并不简单，比如清洗厨房沾满油污的通风设备、厨具，擦洗大型吊灯数以千计的水晶玻璃饰物，这些都需要有专门知识和技巧。对室内装修、物资采购提出有见地的方案绝非易事，客房服务的对象是来自世界各地的千差万别的客人，要使他们在或长或短的停留期间总保持满意的状态更是难上加难。所以做好客房管理与服务工作绝不是一件简单的事。

（四）不易控制性

客房部管辖的人、财、物之多在酒店是名列前茅的。从管理角度说，房务工作比前厅工作难度更大。首先是楼层服务员工作独立性强，不利于管理人员督查；其次是客房物资用品都是生活用品，员工日常生活也需要，若管理不善，则容易流失，加大客房费用开支；对设备的清洁保养也在很大程度上靠员工的责任心，若员工不按规定程序清洁保养，将会加速设备老化，导致设备提前报废。因此，客房部加强对服务质量的控制管理和开展职业道德教育培训尤为重要。

二、客房部管理者的素质要求

酒店客房只有现代化的服务设施而无高质量的服务是不能令客人满意的。高质量的服务依赖于高水平的管理和高水平的服务。也就是说,没有高素质的客房员工队伍,就谈不上客房优质服务。

客房部管理者的基本素质与前厅部并无不同,只是在应掌握的专业知识方面有明显区别。

（一）掌握清洁方面的知识

管理者要懂得清洁卫生原理,掌握清洁剂、清洁用品的种类、适用范围和使用须知,能够指导员工正确使用清洁用品,使清洁工作既达到清洁目的,又不会腐蚀损坏设备或对使用者造成伤害。

（二）掌握设备物资管理方面的知识

管理者要懂得客房或其他空间相应配备何种设备用品,以及设备用品的储存、使用、保养常识,能督导员工正确使用和存放设备物品。

（三）掌握室内环境艺术方面的知识

管理者要具有一定的审美修养,能对客房陈设、装修材料和色彩的选用,以及室内绿化、美化提出改进意见。

（四）掌握防治虫害方面的知识

管理者要了解酒店内可能滋生的害虫种类、习性和滋生的诱因；了解并掌握多种杀虫剂的作用和使用方法；懂得如何保持环境卫生,防止虫害的发生。

（五）掌握客房劳动管理方面的知识

管理者要懂得如何制定劳动定额和编制定员,能合理组织劳动班组,配备和调节劳动力,恰当安排班次和轮休,合理利用人力资源。

（六）掌握财务方面的知识

管理者要能制定或有效执行房务预算,制定或控制客房成本费用的开支标准,以最少的开支获得最大的经济效益。

（七）掌握布件和制服用料方面的知识

管理者要能对员工制服用料和布件的选购提出建议,对洗涤、储存等环节进行有效管理。

客房部工作范围广,涉及知识多,每位客房部管理者应结合自身工作,至少应成为某个方面的专家。经理则应对上述业务有全面了解,以利于做好房务工作。

三、客房服务员的素质要求

酒店能否提供高水平的客房服务,关键在于服务员的素质和他们的服务能力,客房服务员大多与客人接触较少,只有楼层服务台值台员和客房服务中心催班员承担接待服务工作。小型酒店楼层服务和客房清扫都由客房服务员承担。这里所说的客房服务员应具备的素质主要包括以下几个部分。

（一）政治思想素质

1. 树立正确的世界观与人生观

有为人民服务的思想,能全心全意为客人服务,自觉抵制腐朽思想的影响和侵蚀,维护国家和民族的荣誉及尊严。

2. 具有敬业精神

热爱本职工作,努力学习专业知识,能向客人提供标准化服务。

3. 具有高尚的职业道德

服务中一视同仁、不卑不亢、尊老爱幼、助人为乐,一切为客人着想,不损害消费者利益;同时还要廉洁奉公、忠于职守、顾全大局、团结互助。

4. 具有良好的组织纪律观念

遵纪守法,遵守外事纪律,严守机密,遵守酒店的规章制度和员工守则。

（二）业务素质

1. 具有较好的语言表达能力

讲好普通话,懂得地方方言;熟记本部门的专业用语、常用的酒店服务用语和礼貌用语;还要掌握一门外语,达到能与客人沟通的程度。

2. 具有一定的文化知识和社会知识

具备一定的文化修养必会对服务员的品质和性格产生良好影响,有利于其做好服务工作。一名合格的客房服务员应具有一定的文学、历史、地理、服务心理、法律、各国风俗礼节等方面的知识,还要懂旅行、购物、医药保健等方面的生活小常识,熟悉本地的旅游景点、交通路线和气候特点,在必要时能给客人以提示。

3. 有良好的服务技能技巧

熟悉本职工作和各项工作制度,懂得客房服务程序、操作规程和要求,做到服务标准化、程序化、规范化。

4. 具有较强的应变能力

善于观察,遇事沉着冷静,能应付各种突发事件,有独立处理问题的能力。

5. 具有良好的仪容仪表

仪容仪表能体现出服务员的精神面貌,良好的仪容仪表是酒店树立良好公众形象的基础,有利于缩短服务员与客人之间的心理距离。

(三) 身体素质

客房部服务工作相对来说较为繁杂,体力消耗较大,客人要求标准较高。客房服务员只有付出巨大的努力,才能在辛勤的劳动中提高工作效率;只有具备吃苦耐劳和爱岗敬业精神,才能使服务态度、服务技巧、服务方式、服务工作效率等高标准得以实施,保证客人满意和酒店的正常运转。因此,客房服务员身体健康,动作敏捷,有充沛的精力,能承担劳动量较大的工作,具有较强的动手能力是十分重要的。

 即学即测

1. 客房部组织结构设计的方式有几种?分别是什么?
2. 为什么说客房收入是酒店经济收入的主要来源?
3. 客房部有哪些工作任务?
4. 客房部员工有哪些素质要求?

 实战训练

一、实训要求

1. 了解酒店客房部的组织结构和各位岗位职责。
2. 了解酒店客房业务特点。
3. 掌握实地调研的方式方法。

二、实训项目

走访调查当地一家星级酒店的客房部

任务实施:

(1) 教师把班级中每5—7人分成一个小组,每组在当地选择一家星级酒店的客房部进行走访。

(2) 了解星级酒店的客房类型及房内设施设备等情况,并加以分析讨论。

(3) 了解不同类型的酒店客房部的机构设置情况,以及客房部与其他部门之间在沟通和合作方面存在的主要问题,并提出解决问题的措施。

(4) 准备PPT,分组汇报调研结果,然后开展小组评价。

 案例分析

707房间住进来一位客人,第二天早晨客人到外面游览。晚上,客人刚回到房间就很着急地出来找到服务员,说他的东西丢了。值班的服务员忙问丢了什么东西,在哪儿丢的。客人说丢了一块石头,早晨出去时放在客房的卫生间,晚上回来时就没有了。服务员听说是一块石头,认为没什么大不了的,就对客人说:"您先别着急,负责清扫的服务员已经下班了,等明天上班我去了解一下。"客人说:"等明天可不行,这块石头可不是一般的石头,对我来说非常重要。"

原来事情是这样的。这位客人的父亲心中一直有一个落叶归根的愿望,但是,由于多方面的原因,老人去世后没能安葬在故乡。老人在生前嘱咐自己的子女,让他们在自己去世后的墓上放一块故乡的石头,再浇上一桶黄河水。现在住在707房间的这位客人,就是特地回到父亲的故乡,在故乡的山坡上取了一块石头,打了一桶黄河水,准备带回家,了却老人生前的心愿。

值班的服务员知道了事情的原委后,就向值班经理汇报,值班经理马上打电话找到白天负责清扫707房间卫生的服务员了解情况。清扫员回忆说:"白天清扫卫生的时候,我是看到在卫生间的地上放着一块石头,石头上还沾着黄泥,弄得地上都是。我当时想这块石头没什么用,脏兮兮的,而且是放在卫生间的垃圾桶旁边,认为是客人不要的,于是就和垃圾一起扔掉了。"

值班经理决定马上寻找。可是酒店的垃圾是不过夜的,白天倒的垃圾此时已经运到了垃圾场。于是值班经理带着从家中赶回来的清扫员和其他几名服务员赶到垃圾场,幸好垃圾场还没有进行处理。在垃圾场工作人员的引导下,几个人打着手电筒,在脏臭的垃圾堆中寻找着,最后终于找到了那块石头。

虽然由于服务员的疏忽给客人带来了麻烦,但是客人对酒店的处理态度和结果还是满意的。客人接过服务员找回的石头,幽默地说:"幸亏你们没有把那桶黄河水倒掉,要不你们还得派人去趟黄河边。"客人说完笑了起来。听了客人的话,服务员们心里的"石头"终于落了地。

(资料来源:百度文库。)

思考讨论:

1. 707房间清扫员的做法哪里不妥?
2. 对客人的物品应该如何进行妥善处理?

案例评析:

从表面上看,经理的做法虽然值得称赞,但这是对工作失误的补救措施,而不是真正意义上的对客服务。不同的东西对不同的人,其意义与价值是不同的。服务员应该认真思考在工作中如何判断客人的东西是否是垃圾,是否应该丢弃。

项目八
客房清洁卫生与管理

 项目目标

知识目标
1. 熟悉客房清洁保养基础知识。
2. 了解客房清洁保养工作任务与岗位职责。
3. 熟悉客房计划卫生的作用与内容。
4. 了解公共区域质量控制的特点及内容。

能力目标
1. 熟练掌握客房清洁保养服务技能。
2. 熟练掌握客房清洁保养管理技能。
3. 实训能力达到客房高级工水平。

素质目标
1. 形成良好的劳动意识和服务意识。
2. 养成保护客人隐私,尊重客人,细致观察的好习惯。
3. 培养一切从小事做起,注重细节的优秀品质。
4. 注重环保和节约意识。

 思维导图

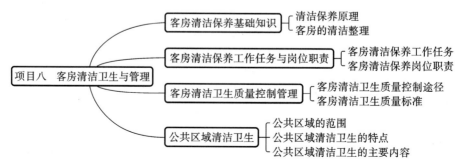

任务一　客房清洁保养基础知识

客房是客人在酒店逗留时间最长的地方，也是客人在酒店真正拥有的私人空间。客人每天在盥洗、休息等过程中，与客房内的各种设施用品有充分的接触，所以客房内的清洁卫生既是客人住房的要求之一，也是客人衡量酒店服务质量的重要指标。因此，客房日常清洁服务与质量控制是客房部管理工作永恒的主题。

一、清洁保养原理

清洁保养客房是客房部的一项主要任务。清洁卫生是客人选择酒店的重要依据，也是体现客房服务质量的主要特征之一。清洁保养工作的好坏直接影响着酒店的形象、气氛以及经济效益。

（一）清洁保养特性

清洁的概念不仅是干净，它还应具有更深的内涵。作为世界权威的卫生组织之一的国际清洁卫生协会（ISSA）用"SHAPE"来概括清洁的特性，每个字母代表了一种特性。

S代表Safety（安全），即清洁能带来安全卫生。
H代表Health（健康），即清洁能带来健康。
A代表Appearance（外观），即清洁代表了外表美观，如建筑物表面干净整洁。
P代表Protection（保护），即清洁能给建筑物或设施设备以保护，同时清洁有利于环保。
E代表Economic（经济实用），即清洁能减少浪费，降低成本消耗。

（二）脏污的表现形式

清洁保养工作之所以重要，是因为脏污的存在。脏污的表现形式主要有四种，即灰尘、污垢、渍迹、锈蚀变色。

1. 灰尘

有灰尘可以被认为是"脏"的初级阶段。灰尘可悬浮于空气之中，并逐渐停留在暴露于空气中的所有物体表面。

灰尘一般包括下列的一部分或全部，如灰、毛发、绒毛、肤屑、细菌和沙粒等。沙砾比大多数灰尘分子要重，对地板表面可造成一定损坏。

灰尘如不及时清洁，不仅会使空气混浊，物体表面显得灰暗和粗糙，还会产生霉味，从而导致害虫滋生，如飞蛾、老鼠等。灰尘的去除一般需通风，或用吸尘器、拖把和抹布清洁干净即可。

2. 污垢

灰尘附着于物体表面之后,遇水分或油脂即可成为黏着的污垢,这时的清洁工作通常比较麻烦,一般要用抹布、拖把、百洁布、刷子、清洁机器加上水或清洁剂才有效。

3. 渍迹

渍迹通常是由于不小心而沾染了蛋白质、酸、碱、染料,或是在某种场合中偶然或因粗心大意使用热力所致。渍迹与污垢不同,污垢经过一系列的清洁便可以除掉,而旧的渍迹一般很难去除。但如果是新的污渍,则要使用粉末吸收、液体溶解以及酸或碱性去污剂处理等方法才能去掉。

4. 锈蚀变色

这种现象是由于金属与水、食品或空气中的物质发生化学反应而造成的,如铁锈(棕色)、铜锈(绿色)、银、金和铝变暗等。酸是最有效的变色去除剂,它常与摩擦清洁剂一起使用。热的苏打或矾溶液也可解决变色问题。但这些方法都不能产生闪光的表面,所以清洁后要抛光。为了不变色,金属可以用电镀、搪瓷、油漆来保护,或是包以铬、尼龙、塑料等材料。

(三) 清洁保养的概念

清洁保养含有两个方面的内容:一是清洁,即去除尘土、油垢和污渍;二是保养,即使之保持正常状态。从概念上看,清洁和保养是两回事。比如对硬质地面补蜡、拖尘和湿拖是保养地面的工作,但当蜡面变黄或有污渍时,则要用起蜡水起蜡,这便是清洁工作,又如每天清洁浴缸、马桶等是保养工作,而给马桶起盐渍或浴缸起肥皂渍的时候便是清洁工作。

若保养工作做得好,则可将需要清洁的周期延长,这无疑在经济上是最划算的。在清洁保养工作中应多做保养而少做清洁,因为凡是有浓度的清洁剂,不论用量多少都会损害建筑物和装饰品。

(四) 清洁保养的意义

有效的清洁保养工作能使酒店显得舒适、高雅以及富有魅力,是一家酒店兴旺发达的标志,可以满足客人对酒店最基本和最迫切的要求,能使客人觉得物有所值并对酒店产生信任;能创造整洁卫生的环境,使员工心情愉快、精神振奋,从而使工作面貌焕然一新;还能延长酒店建筑、设备、用品的使用寿命。此外,现代化的清洁保养工作使劳动强度降低、速度加快、质量提高,所以其效益不可低估。

二、客房的清洁整理

客房属于住客的私人空间,因而客人对客房的要求往往比较高。虽然客人在跨入酒店的同时已经形成对酒店的第一印象,但当他来到属于自己的空间——客房时,这之前的所有印象马上被客房里的一切代替。因此,客房是酒店的心脏。只有客房的装修完好、空气清新、家具设施一应俱全,才能让客人再次光临。

（一）客房服务标准化的内容

客房服务工作要有一个明确的标准，这个标准是做好服务工作的依据。服务质量标准化、服务方法规范化、服务过程程序化均属于标准化范畴，是客房服务标准化管理的主要内容。

1. 服务质量标准化

服务质量标准化指酒店制定服务工作和实施明确的服务标准的过程。实行质量标准化，能使客房的清扫和其他服务工作以及每个服务员都有明确的目标。客房的质量标准化主要包括两个方面。

（1）标准摆件。

标准摆件明确规定摆件的顺序、位置、方向、件数与种类。例如，客房卫生间"五巾"（面巾、浴巾、方巾、澡巾、地巾）的数量及摆放位置。

（2）标准分量。

标准分量是指明确规定每种用品或实物的数量定额。例如，标准间规定的壁柜中的衣架数量定额。

2. 服务方法规范化

服务质量标准是服务工作应该达到的目标。怎样才能达到这一目标呢？必须有一个科学的、切实可行的方法。服务方法规范化是指大家按照酒店明文规定的保证服务标准的方法进行服务工作。例如，客房清洁整理所规定的从上到下、从里到外的清扫规范。规范化的服务不但可以提高服务的质量，而且也便于检查和管理，避免差错和不必要的体力消耗。

3. 服务过程程序化

为了达到某项服务的质量标准，不但要有保证服务质量的一套方法，还要在服务过程中有一套严格的程序。程序实际上就是对所要进行的行动规定先后次序。服务过程的程序化是指大家按照规定的合理的次序进行服务的过程。客房的每一项工作，无论是直接服务还是间接服务，如果都按照规定的程序进行，服务质量就能得到基本的保证。

（二）客房服务标准化的意义

标准化的管理方法着眼于对酒店员工的动作、行为及其劳动成果提出科学的统一要求，从而提高酒店的服务质量，实现酒店的目标。客房部清洁卫生质量标准的制定和实施，意味着客房部的工作在高水平的优质服务上达到统一。它的意义在于：

（1）在客房的管理和服务工作中建立最佳秩序，从而使客房部的工作做到事前指导有标准，事故差错防患于未然，以争取最佳效果；事后检查有依据，便于纠正偏差，提高工作质量。

（2）有利于提高服务人员的素质和服务能力，使其有章可循，明白应该怎样干。

（3）便于管理，避免浪费。

（4）减少客人因服务质量不稳定而引起的投诉，提高客房以及酒店的信誉。

(三）客房清扫标准的制定原则

客房清扫标准的制定原则如下。

1. 符合酒店的经营方针和市场行情

酒店的档次和星级的高低，主要反映的是不同层次的客源的不同要求，标志着建筑、装潢设计、设施设备、服务项目、服务水平与这种需求的一致性和所有住店客人的满意程度。酒店的档次和星级不同，其服务规格的高低和服务项目的多少必然有所区别。客房部在制定客房清洁整理标准和规格时，都应以酒店的经营方针和市场行情为依据。

2. 尽量少打扰客人

客房的清洁整理工作是客房部管理水平、人员素质等内容的综合体现。客房之所以成为客人休息的区域，成为客人的"家外之家"，有两个条件：一是整洁，否则无法很好的生活；二是安全，否则无法称其为"家"。因此，客房部管理人员在制定有关客房清洁整理的程序和规范时，应将"尽量少打扰客人"作为一条重要的原则。

3. "三方便"准则

所谓"三方便"准则，是指在制定有关标准和程序时，必须依照方便客人、方便操作和方便管理的准则来进行。

（1）方便客人。

实行标准化管理的目的是使客人获得满意的服务，使其有宾至如归的感受。宾至如归，就是要让客人在客房的起居生活，感到像在家里一样方便，且享受家里没有的气氛。因此，客房的清洁整理标准，包括家具设备摆设的位置、用品的配备等。各项服务标准都必须以客人为出发点，脱离了客人的需求，单纯强调一切标准化，是没有任何意义的。标准化的管理要注意结合人的特点。客房服务的对象是人，因此在客房的清洁整理工作中，既要按相应的规范提供服务，以保证服务的质量，同时又应根据客人的不同特点和要求，进行灵活机动、有针对性的服务。

（2）方便操作。

节省时间、方便职工操作、减少不必要的体力消耗、提高工作效率，是标准应遵循的一个准则。因此，制定的客房清洁标准应该简明、实用，如果清扫客房的操作和规范要求使职工感到费力难做，就背离了标准化管理的本意。

（3）方便管理。

实行标准化的管理，在于减轻管理者的负担，便于贯彻管理意图，使各服务工作有一个统一的质量标准。客房的清洁整理标准不是什么新东西，各个酒店都有，而且国内外不少酒店都有自己的成功经验。但这些标准是否合理，是否适合自己的酒店，是否有利于提高工作效率，就不一定了。客房服务标准的制定和贯彻是管理的一种手段。因此，客房部的管理者要有自己的管理思想，必须根据酒店自身的情况，包括客房设施设备的条件、清洁器具和员工素质，甚至自己的管理风格等，来制定和实施符合本酒店客房实际情况的标准，而不应照抄照搬别人的东西。

（四）制定标准应考虑的因素

1. 进房次数

我国许多酒店服务的传统做法是每天三进房甚至四进房。这往往沿袭了宾馆接待的风格。现在,一些外资、合资酒店大多采用了二进房制(即白天的大清扫和晚间的夜床服务)。因为劳动力成本很高,在西方国家里甚至只有高于三星级的酒店才有二进房服务。

一般来说,进房次数适当的多表示服务规格较高,但必须注意,这样一来各方面的成本都将上升。因此,确定进房的次数要做全盘考虑,酒店的档次、客源对象和营业成本应作为主要考虑因素。当然,不论规定进房几次,一旦客人需要整理客房,酒店便应该尽量满足其要求。

2. 操作标准

操作标准一般在各项工作程序中予以说明。不少酒店将有关操作要领拍成照片并张贴出来以供参照,这确实是一种好办法。

3. 布置规格

各种类型的客房应有哪些客房用品,它们的数量及摆放位置,这些大多应有图文说明,以确保规格一致、标准统一。通常,这些布置讲求美观、实用、简洁。否则,员工难做,易出差错,客人也不一定都欣赏。

4. 整洁状况

一般来说,整洁含有两方面的内容:生化标准和视觉标准。前者往往由卫生防疫人员来做定期或临时抽样测试与检验,后者则由酒店自己来把握。客人与员工、员工与员工的视觉标准都不一致。要掌握好这一标准,唯有多了解客人的要求,以从中总结规律。如客人对于客房地面、窗户、床和卫生间的清洁、舒适较为看重,则应要求清洁后做到卫生间嗅不到异味、看不见污迹、摸不着灰尘;睡床应平整、干净;地毯每天吸尘;窗户定期擦洗。有些酒店还对客人散乱的衣物和桌上用品如何整理进行了一般性的规定。

为了坚持标准而又不致造成人力的浪费或时间的紧张,客房部往往会在日常整理客房的基础上拟订一个周期清洁的计划,它也被称为"计划卫生"。这一计划要求在一定的时期内(两周或一个月),将所有客房中平时不易做到或做彻底的项目全部清扫一遍。其方法有两种:一种是每天做一定量的客房中所有的项目;另一种是每天完成所有客房中一定的项目。

总之,整洁与否要看我们能否把握客人的要求,因为最终的评判者是客人而不是我们自己。如果要为整洁状况划一个标准,那么它应该处于这样一个范围:从每一位客人都能接受到每一位客人都能满意。

知识活页

客房清扫

任务二　客房清洁保养工作任务与岗位职责

一、客房清洁保养工作任务

客房清洁保养工作任务主要包括日常楼层客房清洁保养、客房计划卫生、客房消毒工作等。

（一）日常楼层客房清洁保养

根据客房出租率情况，对不同房态的客房进行清扫保养，及时提供客房整理服务，高星级酒店要做好夜床服务。

（二）客房计划卫生

在客房日常清洁卫生的基础上，客房部会对清洁卫生的死角或容易忽视的部位拟订一个周期性清洁计划，以保证客房的洁净舒适，使家具设备保持完好状态。

（三）客房消毒工作

消毒和除虫害是酒店清洁工作的一项重要内容，是预防各种疾病流行以及确保客人健康的有效措施。在客房的清洁工作中，每位员工必须明确客房消毒要求，掌握消毒的基本方法。

二、客房清洁保养岗位职责

客房清洁保养部门的组织结构根据酒店规模、客房数量、管理职能与分工等因素而有所不同，基本组织结构如图 8-1 所示。

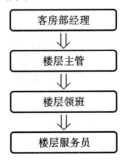

图 8-1　基本组织结构

(一)楼层主管岗位职责

楼层主管岗位职责见表 8-1。

表 8-1　楼层主管岗位职责

部门:客房部	职务:楼层主管	直属上司:客房部经理	下属:楼层领班、楼层服务员

1. 岗位能力要求
(1) 文化程度:高中以上。
(2) 语言能力:懂英语,有良好的语言沟通能力。
(3) 计算机要求:无要求。
(4) 岗位技能:四星级酒店三年以上相关工作经验。
2. 职责描述
(1) 接收部门经理指令,协助部门经理主持楼层客房日常运行的操作性管理事务。
(2) 负责下属员工的人力安排和召开员工早例会,并检查员工的仪表仪容。
(3) 巡查所属区域,检查所属区域的清洁卫生质量和员工的服务质量。
(4) 了解和掌握房间的状况,保证客房的销售量。
(5) 抽查客房卫生,对 VIP 三级以上的房间进行检查。
(6) 负责设施设备的维护和保养。
(7) 负责领班和员工的业务素质、业务技术、服务意识、工作能力的督导、培训和考核、评估工作。
(8) 负责楼层客房区域的安全和消防管理。
(9) 管理楼层和客房的财产,控制物品的浪费和流失。
(10) 每日填写巡查表和工作日志报部门经理

(二)楼层领班岗位职责

楼层领班岗位职责见表 8-2。

表 8-2　楼层领班岗位职责

部门:客房部	职务:楼层领班	直属上司:楼层主管	下属:楼层服务员

1. 岗位能力要求
(1) 文化程度:高中以上。
(2) 语言能力:懂客房英语。
(3) 计算机要求:无要求。
(4) 岗位技能:至少两年四星级以上酒店客房部工作经验。
2. 职责描述
(1) 协助楼层主管的工作,完成各项交办任务。
(2) 检查员工仪表仪容、行为规范、劳动纪律、工作效率和工作质量。
(3) 巡查所属区域,注意发现并解决问题,工作要细致。
(4) 全面掌握客房状况,灵活安排清洁和服务工作,确保卫生和服务质量。
(5) 合理安排计划卫生工作和客房设施设备、清洁器具的维修保养事宜。
(6) 负责所属楼层的财物管理和安全防火工作。
(7) 负责属下的督导、培训、考核工作

(三)楼层服务员岗位职责

楼层服务员岗位职责见表 8-3。

表 8-3 楼层服务员岗位职责

部门:客房部	职务:楼层服务员	直属上司:楼层领班	下属:无

1. 岗位能力要求
(1) 文化程度:初中以上。
(2) 语言能力:略懂英语,能进行简单的客房日常服务的英语会话。
(3) 计算机要求:无要求。
(4) 岗位技能:能承受大量体力劳动,动手能力强。

2. 职责描述
(1) 遵守《员工守则》和各项规章制度,注意礼节礼貌、仪表仪容和行为规范。
(2) 进入工作岗位做到"三轻":说话轻、走路轻、操作轻。
(3) 为客人提供优质、快捷、温馨的服务,使客人满意。
(4) 树立安全、消防意识,关注楼层不安全因素,及时向领班、主管汇报。
(5) 准确了解房态和到客状况,按操作规程进行客房清理和客房服务,保证客房卫生质量和对客服务质量。
(6) 随时注意发现要维修的项目,并做好记录,及时上报。
(7) 注意房务工作车、吸尘器等工作用具的正确使用和清洁保养。
(8) 推行房务工作车时,要特别小心保护墙板、门框和门,避免碰擦划伤。
(9) 在任何地方捡到客人遗留物品,应立即上交服务中心统一登记。
(10) 认真完成主管、领班安排的工作任务,并做好记录

任务三 客房清洁卫生质量控制管理

客人对酒店产品的需求主要表现在食、宿两个方面,无论是食还是宿,他们都有很高的卫生要求。从心理学的角度来看,整洁、卫生的酒店可以给客人一种安全感和舒适感。因此,做好卫生管理对于提高客房产品质量、满足客人需要具有重要意义。

一、客房清洁卫生质量控制途径

客房清洁卫生管理的特点是管理空间广、工作人员分散、不易集中控制,而客人对客房卫生又非常重视且要求高,因此,严格控制客房清洁卫生的质量,对于提高客房产品的影响,满足客人需要具有重要意义。

（一）强化员工卫生质量意识

为提高客房清洁卫生质量，首先要求参与清洁的服务人员具有良好的卫生意识。为此必须做好岗前及岗位培训，让员工树立起卫生第一、规范操作、自检自查的岗位责任感。同时要求客房部管理人员及服务人员注意个人卫生，从自身做起，既完善自身形象，又加强卫生意识和卫生习惯。其次要不断提高客房部员工对涉外星级酒店卫生标准的认识，严格与自己日常的卫生标准相区别，与国际卫生标准接轨，以免将一些国际旅游者正常的卫生要求视为"洁癖"。

（二）制定清洁卫生质量控制标准

客房的清洁卫生质量与管理者制定的标准及检查制度和检查标准有关，要使清洁质量达标，就要做好服务质量标准化、服务方法规范化、服务过程程序化。客房服务员按照标准和规范进行清洁工作不但可以提高质量，也便于检查和管理，避免差错和不必要的体力消耗。一定的服务规程、操作程序是确保客房清洁卫生的基础，也是对客房清洁员工作进行考核、监督的依据。不同酒店的客房清洁规定和程序会略有不同，但均符合"方便客人、方便操作、方便管理"的原则。

（三）严格逐级检查制度

逐级检查制度包括员工自查、领班普查、主管抽查和经理抽查。要保证清洁质量就要有员工自查，以提高员工的责任心和检查意识；领班普查要做到每天对所管工作区域的所有房间，进行检查并保证清洁质量；主管抽查主要检查 VIP 房、维修房、抽查长住房，督促领班做好基础检查；经理抽查主要是为了了解客房清洁卫生质量，了解员工工作状况，改进管理方法，修订操作标准，一般情况下经理应抽出 1/2 的时间对楼层进行巡视和抽查。有时酒店总经理、住店经理及值班经理也会对客房的清洁质量和客房现状进行抽查，目的在于增强质量意识。实行严格的逐级检查制度，是确保清洁质量的有效方法。

（四）设置"客人意见表"

客房卫生质量的好坏，最终取决于客人的满意程度。所以做好客房清洁卫生管理工作，要发挥客人的监督作用，重视客人的意见和反映，有针对性地改进工作。设置"客人意见表"是较好的一种方法。意见表设计应简单易填，形式要轻松，摆放要显眼。现在许多酒店将它设计成"致总经理密函"，内有酒店总经理真诚热情的欢迎、意见请求、祝福致辞，另附一份简单而较为具体的客人意见书。

二、客房清洁卫生质量标准

（一）视觉标准

视觉标准是指客人、员工和管理者凭借视觉或嗅觉能感受到的标准（如灰尘、污迹、异味等），但由于个体的感受不同，标准只停留在表面。

（1）眼看到的地方无污迹。

（2）手摸到的地方无灰尘。

（3）设备用品无病毒。

（4）空气清新无异味。

（5）房间卫生达"十无"：天花板和墙角无蜘蛛网、地毯（地面）干净无杂物、楼面整洁无害虫、玻璃和灯具明亮无积尘、布件洁白无破损、茶具和杯具消毒无痕迹、铜器和银器光亮无锈污、家具设备整洁无残缺、墙纸干净无污迹、卫生间清洁无异味。

（二）生化标准

生化标准是由专业防疫人员运用专业仪器采样与检测的标准，所包含的内容有洗涤消毒标准、空气卫生质量标准、微小气候质量标准、采光照明质量标准及环境噪声允许值标准等。生化标准是客房清洁卫生质量更深层次的衡量标准。

客房管理者和清洁卫生工作人员应熟悉本酒店卫生操作程序和标准，不断对照标准进行改进，提高服务质量和管理水平。

任务四　公共区域清洁卫生

一、公共区域的范围

凡是公众共有、共享的活动区域都可以称之为公共区域。公共区域范围广，不仅涉及住店客人，以及用餐、开会、购物、参观游览等非住店客人，还是所有员工工作环境的重要组成部分。因此，做好公共区域的清洁卫生工作意义重大。公共区域清洁卫生工作是客房部服务与管理工作的重要组成部分。一般酒店客房部下设公共区域组，专门负责公共区域的清洁保养及绿化布置工作。

酒店公共区域包括两个部分，即客用部分和员工使用部分。客用部分主要包括酒店前厅、公共洗手间、餐厅、宴会厅、舞厅、会议室、楼梯、走廊、建筑物外部玻璃和墙壁、花园、停车场以及酒店周围等。员工使用部分主要包括员工电梯和通道、更衣室、员工食堂、员工休息娱乐室、倒班宿舍等。

二、公共区域清洁卫生的特点

（一）客流量大，清洁卫生工作不太方便

公共区域的人员流量非常大，客人活动频繁，这给该区域的清洁卫生工作带来不便和困难。为了便于清洁和减少对来往人员的干扰,公共区域的清洁工作应尽量安排在人员活动较少的时间段进行,特别是客用区域,大量的清洁卫生工作被安排在夜班完成。

（二）涉及范围广,对酒店声誉影响大

公共区域清洁卫生的范围涉及酒店的每一个角落,既包括外围的墙壁、花园、前后大门、通道等,也包括室内的大堂、休息室、餐厅、娱乐场所、公共洗手间、电梯、行政办公室、员工休息室、更衣室、餐厅、员工公寓,以及所有的下水道、排水排污管道和垃圾房等。公共区域的卫生状况被每一位经过和进入酒店的客人所感知,成为客人衡量整个酒店的重要部分,对树立酒店形象有较大的影响。

（三）项目繁杂,专业性、技术性强

公共区域清洁卫生工作不但涉及面很广,而且在不同的地点、针对不同的清洁对象有不同的清洁标准、不同的清洁方法,以及使用不同的清洁剂,所以公共区域的清洁卫生项目繁杂、琐碎。例如,地面、墙面、天花板、门窗、灯具的清洁,公共洗手间的清扫,绿化布置,除虫防害等。各类清洁卫生工作都具有各自的专业性和技术性,对酒店员工提出了较高的要求。

三、公共区域清洁卫生的主要内容

公共区域清洁卫生涉及酒店前台和后台、室内和室外的广泛区域,下面简要介绍主要的几项清洁卫生工作。

（一）大堂的清洁

大堂是酒店 24 小时使用的场所,是客人来往最多的地方,是酒店的门面,会给客人留下重要的第一印象。因此,大堂的清洁卫生工作尤为重要。

1. 推尘和抹尘

大堂的大理石地面,在客人活动频繁的白天,需不断地进行推尘工作。遇到雨雪天,要在门口放上存伞架,并在大门内外铺上踏垫和小地毯,同时在入口处不停地擦洗地面的泥尘和水渍。每天夜间 12 点以后打薄蜡一次,并进行简单抛光,使之光亮如镜。大堂内有地毯处每天要吸尘 3—4 次,每周清洗一次。

大堂地面清洁要仔细,不能有任何遗漏点。拖擦过程中应及时清理工具上的污垢。操作过程应尽量避开客人或客人聚集区。打蜡或有积水的区域应有标示牌,以防客人滑倒。

2. 门庭清洁

白天对玻璃门窗、门框、指示牌等的浮尘、指印和污渍进行擦拭,尤其是大门的玻璃应始终保持一尘不染。夜间对门口的标牌、墙面、门窗及台阶进行全面清洁、擦洗,对大门口的庭院进行清扫、冲洗等。

3. 家具的清洁

白天勤擦拭休息区的桌椅、服务区的柜台及一些展示性的家具，确保干净无灰尘。及时倾倒并擦净立式垃圾箱，更换烟缸。更换烟缸时，应先将干净的烟缸盖在脏的上面一起撤下，然后将干净烟缸放上，以免烟灰飘扬洒落。随时注意茶几、台面上的纸屑杂物，一经发现，及时清理。另外，将客人使用过的沙发、茶几、桌椅及台灯等随时整理归位。

4. 扶梯、电梯清洁

大堂扶梯、电梯的清洁保养多在夜间进行，白天只作简单清洁维护。主要工作是擦拭扶梯扶手、挡杆、玻璃护挡，清洁电梯轿厢，更换、清洗电梯地毯，使扶梯、电梯内外、上下、四周均无灰尘、无指印、无污迹。

5. 不锈钢、铜器清洁上光

大堂广告架（牌）、指示标牌、栏杆、铜扶手及装饰用铜球等为酒店大堂增添了不少光彩，这些器物每天都要清洁，否则会失去光泽或沾上污迹。清洁这些器物时注意要使用专门的清洁剂，若用其他清洁剂会对器物造成严重损坏。

（二）公共洗手间的清洁服务

公共洗手间是客人很挑剔的场所之一，如果有异味或不整洁，会影响客人对酒店的评价。因此，酒店必须保证公共洗手间的清洁卫生、设备完好、用品齐全。

1. 日常清洁

公共洗手间的日常清洁具体包括以下内容：

（1）洗手液少于 1/4 时应及时补充，皂液器表面要清洁。

（2）地面、台面应经常擦拭，确保无积水，墙面、门板应无污迹，镜面应明亮、无水渍。

（3）台面若放置有梳子、护手霜等物品，应经常检查是否摆放整齐，是否有残损、污损现象，及时清理、更新。

（4）卫生间内可适当养殖绿色植物，以吸纳污气。

（5）卷纸、擦手纸、卫生袋不足量时应及时补充，且折角保持 90°。

（6）每个小便池放两个清香球，当清香球小于 1/4 时需立即更换以确保卫生间无异味。

（7）开餐时，卫生间门应保持关闭。

2. 彻底清洁

彻底清洁一般在下午或夜间卫生间使用的低峰期进行。

（1）检查皂液器、自动洗手器、手纸架等设施有无损坏，检查各类设施的使用说明是否有污损。

（2）清理垃圾，更换新的垃圾袋。

（3）放水冲净马桶、便池并倒入清洁剂，用马桶刷清洁马桶，并用消毒剂浸泡的抹布擦拭马桶座圈、外壁、水箱，然后洗净、擦干。

（4）用专用清洁剂擦净面盆、水龙头、台面、镜面及所有金属设施和配件。

（5）喷洒适量空气清新剂，保持室内空气清新。

(6) 擦洗地面，使地面无积水、污渍，每周进行打蜡抛光。

(7) 在卫生间门口放置指示牌，说明卫生间暂停使用的原因及时段，并指示最近距离可使用的卫生间。

(8) 洗刷墙面，清除污迹。

(9) 对扫帚、拖把、垃圾桶、抹布、清洁球、清洁剂等专用清洁物品进行规整，锁好此类物品储藏室的门。

(三) 餐厅、酒吧、宴会厅的清洁

餐厅、酒吧和宴会厅是客人饮食的场所，卫生要求较高。清洁卫生工作主要是在餐厅营业结束后。

鉴于餐厅营业时间长短不同，客房部要妥善安排好各餐厅的清扫时间并主动争取餐厅员工的积极配合。在餐厅营业时间内有清理需要时，必须及时地予以处理，否则不仅有碍观瞻，还可能造成硬地打滑或地毯上的污迹不易清除等问题。不少酒店考虑到工作的迅捷和方便，往往要求营业时间的清洁卫生由餐厅自行解决。对此，客房部应积极配合，如工作用品的配备和清洁方法的指导等。

餐厅的全面清洁保养通常在夜晚停业之后至次日开餐之前进行。由于餐厅的陈设布置差别很大，因此难以一一评述其清洁项目。不过，通常的工作内容如下：

(1) 清除餐椅上的食物碎屑及污渍。

(2) 清洁餐椅腿、窗沿及通风口。

(3) 清洁吧台、账台及电话机等。

(4) 擦亮金属器件。

(5) 地面吸尘或抛光。

(6) 有计划地为家具、灯具等清洁打蜡。

(7) 有计划地分批对座椅和墙面进行清洗。

酒吧、宴会厅的清洁任务和要求基本与餐厅相同，只是在时间安排上要依据具体的营业状况而定。

此外，餐厅、酒吧、宴会厅或其他饮食场所，常会有蚊蝇等出现，应随时或定期喷洒杀虫剂，防止蚊蝇等滋生。

(四) 后台区域的清洁卫生

员工食堂、浴室、更衣室、服务通道、员工公寓、娱乐室的卫生状况对员工满意度有重要的影响。

后台区域的清洁卫生工作如下：

(1) 做好员工食堂、浴室、更衣室的日常消毒、清洁、维护；

(2) 对员工公寓、娱乐室等进行定期清扫；

(3) 做好员工通道等的清洁保养，为全店员工创造良好的生活和工作环境。

(五) 绿化布置及清洁养护

绿化布置能给客人耳目一新、心旷神怡的美好感受，所以酒店在店外的绿化规划和店内的绿化布置上都应做好。

1. 绿化布置的程序

（1）客人进出场所的花卉和树木应按要求做造型并摆放。

（2）定期调换各种盆景，保持新鲜。

（3）接待贵宾或举行盛会时要根据酒店通知进行重点绿化布置。

（4）在进行绿化布置和送达楼面的鲜花摆放时，要特别注意客人忌讳的花卉。

2. 清洁养护的程序

（1）每天按顺序检查、清洁、养护全部花卉盆景。

（2）捡起花盆内的烟蒂和杂物，擦净叶面和枝干上的浮灰，保持叶色翠绿、花卉鲜艳。

（3）及时清除喷水池内的杂物，定期换水，对水池内的假山、花草进行清洁养护。

（4）及时修剪花草。

（5）定时给花卉、盆景浇水，定期给花草树木喷药灭虫。

（6）养护和清洁绿化时，应注意操作时溅出的水滴不要弄脏地面，注意不可影响客人的正常活动。

即学即测

1. 客房清洁保养工作任务包括哪些？
2. 如何才能处理好视觉标准与生化标准的关系？
3. 公共区域清洁卫生有哪些特点？
4. 如何保持公共区域的清洁卫生质量？

实战训练

一、实训要求

（1）使学生深刻理解酒店客房部的清洁卫生业务。

（2）掌握客房清洁卫生的操作标准与技能、清洁卫生的基本控制方法。

二、实训项目

客房清扫程序

任务实施：

（1）将班级每5—6位学生分为一组，每组确定1位负责人。

（2）准备若干间客房，布置清洁任务，明确要求及注意事项。

（3）每个小组在教师的指导下，明确任务，制订工作计划与实施方法，分配任务。

案例分析

一天中午，住在2972房间的客人从外面回到酒店，进到客房内，发现客房的卫生还没有打扫。客人有些不满地找到了楼层服务员说:"我都出去半天了,怎么还没有给我的房间打扫卫生?"服务员对客人说:"您出去的时候没有将'请速打扫'的牌子挂在门外。"客人说:"看来倒是我的责任了。那么现在就打扫卫生吧,过一会儿我还要休息。"于是,服务员马上为2972房间打扫卫生。

第二天早晨,客人从房间出去时,把"请速打扫"的牌子挂在了门外的把手上。中午客人回来后,客房卫生仍然没有打扫。这位客人又找到这名服务员说:"昨天中午我回来的时候房间还没有清扫,你说是因为我出去的时候没有把'请速打扫'的牌子挂上,今天我出去时把牌子挂上了,可是我现在回来了,还是没做卫生。这又是什么原因呢?"这名服务员又用其他的理由,说:"一名服务员一天要清扫十几间房,得一间一间地清扫,由于比较忙,没注意到挂了'请速打扫'的牌子……"客人问:"你工作忙,跟我有什么关系,挂'请速打扫'的牌子还有什么意义?"服务员还要向客人解释。客人转身向电梯走去,找到大堂经理投诉。

事后,这名服务员受到了相应的处理。

(资料来源:百度文库。)

思考讨论:

客房部的问题出在哪里?客房部经理应如何改变这一状况?

案例评析:

服务员在工作中没有按照规定的工作程序操作。服务员应在每天早晨开始工作时先了解住客情况,检查有无挂"请速打扫"牌子的房间,以确定客房的清扫顺序。另外,这名服务员说话的语气和方式存在一定问题,总是解释、强调自己的理由。其实关键是缺乏宾客意识。

项目九 客房接待服务

 项目目标

知识目标
1. 了解客房接待服务的特点和要求。
2. 了解客房接待服务的管理模式。
3. 了解客房接待服务质量管理的内容和基本要求。

能力目标
1. 熟练掌握客房接待服务的要领和技巧。
2. 熟悉客房接待服务质量管理的基本方法。
3. 能够对客房接待服务项目提出更新改进意见。

素质目标
1. 能够自觉、主动为客人提供文明、优质服务。
2. 提高观察事物、运用知识、发现问题的能力。

 思维导图

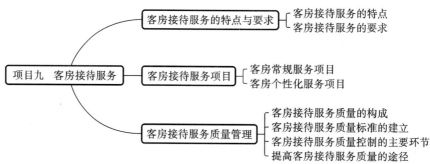

任务一　客房接待服务的特点与要求

一、客房接待服务的特点

客房服务与酒店的前厅、餐饮等服务既有相同之点又有不同之处,对它的特点进行研究有利于提供有针对性的服务。客房接待服务的主要特点如下。

(一)营造出"家"的氛围

酒店的宗旨是为客人提供一个"家外之家",因此是否能够体现出"家"的温馨、舒适、安全、方便等就成为客房接待服务成败的重要因素。在接待服务中,客房服务人员扮演着"管家""侍者"的身份,因此要留意客人的生活习惯等。例如,客房服务人员清晨为客人整理房间时,如果发现客人毛毯盖在床上,说明客人夜里嫌冷,那么应在交班时请中班服务员做夜床时加床被子。接待服务要尽量做在客人开口之前,意在给客人留下美好的印象。

(二)接待服务的表现形式具有"明暗兼有"的特点

前厅部和餐饮部等部门的接待服务表现为频繁地接触客人,提供面对面的服务,而客房部则有别于这些部门,它的服务是通过有形的客房产品表现出来的。例如,客人进入客房后,是通过床铺的整洁、地面的洁净、服务指南的方便程度等感受到客房服务人员的服务。客房接待服务的这一特点使客房服务人员成为酒店的幕后英雄,但这并不表示客房部没有面对面的接待服务,其面对面的接待服务包括送、取客衣,清扫客房,递送客用品等。因此,客房服务人员在进行接待服务时也要讲究礼节礼貌。综上所述,客房接待服务的形式"明暗兼有",这一特点对客房服务人员的素质提出了很高的要求。

二、客房接待服务的要求

曾有业内人士对"服务"一词进行分析,认为它由七重含义所构成,并且这七重含义的英文首字母刚好构成了"SERVICE"(服务)。它们分别是真诚(Sincere)、效率(Efficient)、随时做好服务准备(Ready to Serve)、可见(Visible)、有问必答(Informative)、礼貌(Courteous)、出色(Excellent)。由此可见,这七重含义贯穿着接待服务的全过程。客房接待服务是酒店服务的主体之一。客人在酒店下榻期间,在客房内逗留的时间最长,客房部接待服务水准的高低在很大程度上决定了客人对酒店产品的满意程度。这就要求客房接待服务要以与其星级相称的服务程序及制度为基础,以整洁、舒适、安全和具有魅力的客房为前提,随时为客人提供真诚主动、礼貌热情、耐心周到、舒适方便、尊重隐私、准确高效的服务,使客人"高兴而来、满意而归"。

(一)真诚主动

员工对客人的态度通常是客人衡量一个酒店服务质量优劣的标尺。真诚是员工对客人态度好的最直接的表现形式。因此,客房接待服务首先要突出"真诚"二字,实行感情服务,避免单纯的任务服务。我们通常所说的提供主动的服务,是以真诚为基础的一种自然、亲切的服务。主动服务来源于细心,即在预测到客人的需要时,把服务工作做在客人开口之前。客房服务人员要把客人当作自己请来的朋友来接待,真诚地想客人之所想,急客人之所急。这是提高服务质量的十分有效的方法。

(二)礼貌热情

喜来登酒店曾斥巨资对客人进行了 3 年的专项调查,调查发现:客人将员工"遇见客人时是否先微笑,然后再礼貌地打招呼"列为对客房服务人员是否满意的第一个标准。由此可见,礼貌热情对客人的重要程度。

服务人员的外表应是整洁的,讲话应自然得体,态度应落落大方。热情待客会使客人消除对异地的陌生感和不安全感,增强对服务人员的信赖。

(三)耐心周到

客人的多样性和服务工作的多变性,要求服务人员能够正确处理各种各样的问题,要能经得起责备、刁难,任何情况下都要耐心地、持之以恒地做好接待服务工作。服务人员要掌握客人在客房生活期间的心理特点、生活习惯等,从各方面为客人创造舒适的住宿环境,通过对客人方方面面的照顾、关心把周到服务做到实处。

(四)舒适方便

舒适方便是住店客人最基本的要求。客房是客人入住酒店后长时间逗留的场所,因此,客人对客房的舒适方便方面的要求也是最高的。例如,服务人员应定期翻转床垫,以保证床垫不会产生局部凹陷;服务人员应留意客人用品的日常摆放,以方便客人使用。

(五)尊重隐私

客房是客人的"家外之家",客人是"家"的主人,而注重主人隐私则是服务人员作为"管家"和"侍者"应具备的基本素质。作为酒店工作人员,特别是客房服务人员有义务尊重住店客人的隐私。客房服务人员应做到不打听、不议论客人隐私,不翻看客人的书刊资料等,为客人保密。

(六)准确高效

准确高效就是为客人提供快速而准确的服务。效率服务符合现代快节奏生活的需要,是服务的重要保证。例如,客房的技能比赛要求西式铺床时间为 150 秒,一间客房的清扫时间为 30 分钟等。酒店服务质量中最容易引起客人投诉的就是等待时间过长。

客房部应对所提供的服务在时间上进行量化规定,制定切实可行的标准。速度和质量是一对矛盾,在制定标准及具体服务工作时,需正确处理两者之间的关系,切忌只求速度,不求质量。

任务二 客房接待服务项目

客房部所提供的各项服务,是酒店服务的重要组成部分,在很大程度上体现了酒店的服务水平,也是客房优质服务的关键所在。服务员不仅要做到"宾客至上,服务第一",更要掌握各项服务的要领和服务技能。

一、客房常规服务项目

(一)洗衣服务

洗衣服务可分为水洗、干洗、熨烫三种,时间上分普通服务和快洗服务两种。提供优质的洗衣服务对于提高客人对客房工作的满意度具有非常重要的意义。在接待服务工作中,洗衣服务比较容易引起客人的投诉。因此,客房部应注意做好洗衣服务的控制工作。

1. 客衣的收取

最常见的送洗方式是客人将要洗的衣物和填好的洗衣单放进洗衣袋,留在床上或挂在门把手上。也有客人嫌麻烦请服务员代填,但要由客人过目并签名。洗衣单一式三联,一联留在楼面,另外两联随衣物送到洗衣房。为避免客人将要洗的衣物放在房内而延误收洗时间,服务员应在上午某一规定时间之前(一般为9:00或10:00)巡查一下可能有洗衣的房间,及时收出。为了防止洗涤和递送过程中出差错,有的酒店规定,客人未填洗衣单的不予送洗,并在洗衣单上醒目注明。

电话接受客衣是国际上大部分酒店的例行做法。客衣服务员在电话中往往需提醒客人填写洗衣单,并将其与所需洗烫的衣物一同装入洗衣袋,放于客房内。客人有时会有一些特殊要求,服务员应问清楚并做好记录。在收取客衣的过程中,要特别注意以下问题:

(1)接到客人洗衣要求后,服务员应迅速前往客人房间收取客衣。

(2)凡是放在床上、沙发上,未经客人吩咐及未放在洗衣袋内的衣服均不能收取。

(3)检查洗衣袋内是否有洗衣单,洗衣单上的房号是否与房号一致,单上有关项目的填写是否符合要求,衣服的数量是否正确。

(4)服务员收取客衣时必须仔细清点件数,检查衣袋里是否有遗留物品,纽扣有无脱落,有无严重污渍或破损。

(5)不要将客衣随意乱放,不要把洗衣袋放在地上拖着走,要爱护客人的衣服;对

于高级时装,应用衣架挂好。

（6）楼层服务员要配合客衣服务员的工作。发现客人把洗衣袋挂在门外后,要将其收至工作间并电话告知客衣组。

（7）收到的所有送洗衣物均需记录在客衣收取记录表上。

（8）接收客衣后,客房服务中心应立即通知洗衣房前来收取客衣,并按规定与洗衣房收发员进行交接。

2. 客衣的送回

送回客衣主要有两种方式:一种是客衣服务员将客衣送至楼层服务台,再由楼层服务员转送给客人。洗衣房送还客衣后,客房服务员应将经过核收的衣物及时送往客人房间,并请客人检查签收。另一种是由客衣服务员直接送至客人房间。客衣服务员送客衣前应设计好送客衣的线路从而节省送衣时间。准确无误是送还客衣工作中需要特别注意的问题,常见的错误是送错楼层和送错房间。对于"请勿打扰"及双锁房的客人,客衣服务员不可打扰,要把客衣交给客房服务中心,并从门下放入"衣服已洗好"的说明卡,注意记下客人房号,说明卡的内容示例如下：

亲爱的宾客：

因您的房间挂了"请勿打扰"牌/双锁,我们将您的衣物暂存放于客房服务中心。若您需要,请拨电话××××××××与我们联系,衣物将立刻送回。

送回客衣是一件十分细致的工作。按国际惯例,由于酒店方面的原因造成衣物破损,赔偿金一般以洗涤费用的 10 倍为限。我国由于洗涤费用便宜,即使按 10 倍赔偿有时也无法使客人满意。所以要求经手员工认真负责,不能出一点差错,否则会招致投诉,给酒店造成经济损失和声誉影响。

为住店客人提供洗衣服务是一项比较细致的工作,有关员工必须认真对待,不能因缺乏常识或粗心大意而出现差错。

（二）房内小酒吧服务

为满足客人在房间享用酒水饮料的需求,同时增加酒店客房收入,中、高档酒店的客房必须配备小冰箱或小酒吧,存放一定数量的软、硬饮料,如烈性酒、啤酒、果汁、汽水等,供客人自行取用。一般规定,软饮料要有 5—8 种,硬饮料要有 3—5 种。还要配备酒杯、杯垫、调酒棒、纸巾等用品。收费单放在柜面,一式三联,上面注明各项饮料食品的储存数量和单价,请客人自行填写消耗量并签名。

服务员每天上午清点冰箱内饮料、食品的消耗量,与收费单核对。如客人未填写,则由服务员代填。核对无误后,交客房服务中心。单据的第一、第二联转给前厅收银处,费用计入客人账单。当客人结账时将第一联交给客人作为收据,第二联作为原始单据由财务部留存,第三联由领班统计,填写楼层饮料日报表,作为到食品仓库领取补充品的依据。

（三）房内送餐服务

送餐服务是指应客人的要求(由于生活习惯或特殊要求,如早起、患病、会客等),将客人所点的食品、饮料送至客房内用餐。常见的房内用餐有早餐、便饭、病号饭、点心、小吃、夜宵等,其中以早餐最为常见。

1. 订餐

提供房餐服务时,酒店要设专门的房餐服务餐牌,摆放在床头柜或写字台上,上面标明房餐服务电话号码。另外,提供房餐服务,通常要收取额外的服务费。客人若需要在客房用早餐,应于前一天晚上在客房备有的早餐牌上选好食物种类,注明用餐时间,然后将其挂在房门把手上,由服务员定时收走;客人也可以直接打电话向餐饮部订餐员订餐。在接受订餐时,服务员要准确记录房间号码、客人姓名、餐饮内容、送餐时间、特殊要求等。在有些酒店中,房餐服务是由餐饮部负责的,餐饮部设有房餐服务组,由专职人员负责提供这项服务。在另外一些酒店,房内用餐则是由餐厅服务员送到楼层,再由楼层服务员送进客房,采用这种服务方式的酒店,要求客房服务员必须熟悉菜单,并掌握一定的餐厅服务技巧。

2. 送餐

送餐时可以用托盘,也可以用餐车,这要视所送餐食、饮料的多少而定。如用餐车送餐,要小心谨慎,以免因地毯不平或松动而倾倒。另外,餐车必须有保温装置,防止送到时饭菜温度不够而影响质量。具体送餐程序如下:

(1) 按规定先敲门,自报身份,等候客人开门。

(2) 托盘或餐车摆放位置要适当,可征求客人意见。

(3) 摆放妥当后揭开餐碟盖,要一一报菜名,并询问客人还有什么需要。

(4) 准备好账单并问清楚客人结账方式,如签单则请客人在账单上签字。

(5) 提供房餐服务时,要注意及时将客人用过的餐具和剩物收走(一般在一小时后,征得客人同意后收走),以免影响房内卫生或丢失餐具。在送餐一小时后仍未接到客人收餐具的电话,需打电话询问。

(6) 收餐具时要征求客人对餐食的意见。同时要注意清点餐具数量并检查有无破损,还要注意随手更换烟缸、玻璃杯,擦净桌上的污垢,以保持房内清洁。注意不要与客房用品混淆。

(四)访客接待服务

做好访客接待也是客房部的一项重要接待服务工作。提供这项服务时,客房服务员应特别注意,要在先征得住店客人的同意后方可将来访客人带到客房。当住店客人不在时,除非事先说明,否则不得将来访客人带进住店客人房间。楼层服务员对来访客人的接待,应该像对待住店客人一样热情礼貌。在征得住店客人同意后,引领来访客人进入房间。如果来访客人数量较多,应主动询问被访住店客人需要提供什么服务,并尽快满足。来访客人常常是酒店产品潜在的购买对象。如果忽略对来访客人的服务,必会引起双方客人的不快,影响其对酒店服务的印象,甚至会使住店客人搬出酒店另寻他处。来访客人具体接待程序如下:

(1) 热情地接待来访客人,问清被访住店客人的姓名及房号,通过电话与该住店客人联系。

(2) 如果住店客人不在房内,应向来访客人说明,并提示其可以去总台办理留言手续。如果住店客人不见来访客人,应先向来访客人致歉,然后委婉地请其离开,不得擅自将住店客人的情况告知来访客人。如果住店客人同意会见,则应按住店客人的意思为来访客人引路。如果住店客人事先要求服务员为来访客人开门,那么住店客人需要去大堂副理处办理有关手续;来访客人抵达时,服务员须与大堂副理联系,证实无误后方可开门。

(3)如果会客地点在客房,应将来访客人引领进房后,礼貌地询问住店客人是否需要茶水、毛巾,若来访客人超过三人,还要询问住店客人是否需要座椅,并主动询问住店客人有无其他服务要求。

(4)若会客时间较长或人较多,应及时为客人补充茶水。

(5)会客完毕后如有需要,应再次整理好房间,以利住店客人休息。

(五)物品租借服务

物品租借已成为客房部的一项重要服务项目。客房内所提供的物品一般能满足住店客人的基本生活需求,但有时客人会需要酒店提供一些特殊物品,如熨斗、婴儿车、熨衣板、变压器、接线板等。因此,客房服务中心应备有此类物品,向客人提供租借服务。酒店可供客人租借物品的种类取决于酒店的服务标准以及客人的需求,租借物品的数量取决于酒店的大小以及预计的需求量。

客房部管理人员应根据客人需求的变化,不断补充租借物品的品种,调整其数量。客房部可通过"租借物品记录表"了解客人需求。该表记录了借出物品的名称、客人房间号码、客人请求借用的时间以及借出和收回的时间。在有些情况下,还应将客人预计离店的时间备注上,因为有些物品通常在客人离店时才归还。该表可反映出客人需求量最大的租借物品、各种物品需要借出的时间以及客人借用时间的长短。此外,该表还能反映各借出物品目前所在的房间,从而可以确保所有物品能够收回。客房部应对租借物品进行编号,根据本酒店的实际情况,确定存放位置。最好将不常用的物品存放于客房中心,将常用的物品存放于楼层工作间内。客房部管理人员须制定服务的时间标准,即在接到客人电话或通知后,必须在多长时间内将客人需要租借的物品送到房间。客房物品租借的具体程序如下:

(1)客人租借物品时,服务员应明确租借物品的名称、要求、租借时间等,并将其详细记录在"租借物品记录表"上。

(2)将用品迅速送至客人房间,请客人签字。

(3)借出物品时,要检查其清洁、完好情况。对电器类物品,须当面演示使用方法。服务员在将转换插头或接线板送至客人房间后不应立即离开,而应主动帮助客人接好插头,查看所提供的转换插头或接线板是否符合要求。同时,这也给服务员提供了一次观察机会,看客人是否准备使用酒店禁用的电器。

(4)收回租借物品后,要检查完好情况,并做好记录。

(5)客人离店时,要注意检查客人有无租借物品未归还。

一些酒店免费向客人租借用品,如电吹风、电动剃须刀、万能插座、熨斗、熨衣板、各类文具用品等。在客人借用电器时,须向客人说明本酒店使用的是220 V电压,并请客人用完后归还。此外,酒店还免费提供应急用的女宾卫生巾,以及婴儿纸尿裤、婴儿床、热水袋、椅子等。

（六）擦鞋服务

为了方便客人，有的酒店会在客房内放置擦鞋纸，也有的酒店以自动擦鞋机取而代之。除此之外，客房服务中心也可根据客人的要求提供擦鞋服务。提供此项服务的酒店的客房壁橱中放置了标有房间号码的鞋篮，并在服务指南中告知客人，如需要擦鞋，可将鞋放入篮内，放在房间门口，由服务员收集到工作间，或者打电话通知客房服务中心前来收取。具体服务程序如下：

（1）服务员在接到客人要求擦鞋的电话或通知后，应在酒店规定的时间内赶到客人房间收取皮鞋，到工作间擦拭。

（2）收取皮鞋时，应在小纸条上写明房号并将其放入皮鞋内，以防送还时出现差错。

（3）服务员在住店客人房间工作时发现脏皮鞋，应主动询问客人是否需要擦鞋服务。如果客人不在，可先将皮鞋收回，留一张擦鞋单于门底缝隙处，让客人知道服务员正在为其擦鞋；如果皮鞋置于房间门口或鞋篮里，可直接收取到工作间。

（4）如遇雨雪天气，服务员应在客人外出归来时，主动询问客人是否需要擦鞋。

（5）擦鞋时，先在鞋下垫上一张废报纸，将表面的尘土擦去。然后根据客人皮鞋的表面材质、颜色选择合适的鞋油或鞋粉，仔细擦拭。特别需要注意将鞋底与鞋口边沿擦净，不能有鞋油，以免弄脏地毯与客人的袜子。为避免差错，服务员一般只擦黑色皮鞋。若有其他颜色或特殊皮革制成的鞋，不能随意擦拭，可礼貌说明。若客人同意，可代请鞋匠处理。

（6）将擦净的鞋及时送至客人房间，如果客人不在，应将鞋子放于适当位置。

（7）做好记录，注明房号、颜色、时间等，以备核查。

（七）托婴服务

托婴服务就是为外出活动办事的住店客人提供短时间的照管婴幼儿的有偿服务。酒店一般设专职的人员负责托婴服务，也可由客房服务员在班后承担，但兼职的服务员也须接受照料婴幼儿的专业培训，掌握照看婴幼儿的专业知识和技能。一般以三小时为计费起点，超过三小时的，按小时增收费用。

托婴服务责任重大，绝不能掉以轻心。凡是担负此项工作的人必须有责任心，正派可靠，受过专门训练，掌握照管婴孩的基本知识和技能。在提供托婴服务时，客房服务员应请客人填写"婴幼儿看护申请单"，了解客人的要求及婴幼儿的特点，并就有关注意事项向客人说明。具体程序如下：

（1）客人在申请托婴服务时，服务员应问清照看的时间、婴幼儿的年龄和特点、家长的要求等，并告诉客人收费标准。

（2）看护者在规定区域内照看婴幼儿，严格遵照家长和酒店的要求看护。

（3）不要随便给婴幼儿食物。为确保安全，不得将婴幼儿带出指定地点（通常是客房或专门场所），更不能带出酒店，不将尖利物品及其他危险物品充当玩具，不能托付他人看管。

（4）在照看期间，若婴幼儿突发疾病，应及时报告上级，请示客房部经理，以便得到妥善处理。

(八) 加床服务

加床服务是客房部提供的服务项目之一,有时客人会直接向楼层服务员提出加床服务要求,客房部服务员应礼貌地请客人到总台办理有关手续,不可随意答应客人的要求,更不得私自向客人提供加床服务。

客房服务员接到总台有关提供加床服务的通知后,应立即在工作单上做好记录,随后将所需物品送至客房。如果客人在房内,则应主动询问客人,按客人要求摆放好加床;如客人无特殊要求,则移开沙发、茶几,将加床放于墙角位置,为客人铺好床。在加床的同时,还须为客人增加一套客房棉织品、杯具、茶叶及卫生间用品等。

二、客房个性化服务项目

(一) 个性化服务与规范化服务之间的关系

1. 个性化服务的定义

个性化服务就是有针对性地满足不同客人合理的个别需求的服务。

个性化服务被称为 Personalized Service 或 Individualized Service。之所以提出这样一个服务新概念,主要是因为西方酒店业在近百年发展过程中发现对客服务时,仅有规范化的服务是不能使所有客人完全满意的。造成这种状况的最主要原因就是服务对象——客人的需求实在太变化莫测了,标准化的规范只能满足大多数客人的表面上的基本需求,而不能满足客人更深层次的不可捉摸的个别需求。标准化的规范是固定的,而客人深层次的需求却是即时的、灵活多变的,这就是为什么有时服务员规规矩矩地为客人服务,不但没有让客人高兴,反而会使客人感到别扭甚至大发脾气。在这种背景下,酒店经营者开始认识到,服务必须要站在客人的角度,因客人的不同需要而随机应变,个性化服务由此产生,即服务必须有针对性地满足不同客人的个别需求。

2. 个性化服务的内涵

个性化服务通常体现出服务员的主动性及发自内心地与客人之间的情感交流,设身处地地揣度客人的心理。个性化服务的内容很广泛,有时甚至显得凌乱、琐碎。归纳起来,可以分为以下五个方面。

(1) 更灵活的服务是最普通的个性服务。

概括地说,不管是否有相应的规范,只要客人提出的要求是合理的,酒店就应尽最大可能去满足他们。

(2) 能满足客人癖好的服务。

这是最具体、最有针对性的个性化服务。客人的需求千差万别,有些客人的某些需求更是独特。比如有的客人不喜欢服务员穿着鞋子进入他的房间。这些癖好事无巨细,可能涉及方方面面,这就需要服务员仔细观察并做好记录,建立规范化的需求档案,满足客人个性的需要。

(3) 意外惊喜的服务。

严格来讲,意外惊喜的服务不是客人原有的需要,但由于旅游过程中难免发生意外,客人急需解决有关问题,比如客人在住房期间患病或受伤等。在这种情况下,"雪中送炭"式的个性化服务必不可少。在客人最需要帮助时服务及时到位,客人必将难忘。

(4) (计算机)自选式的服务。

随着计算机技术的发展,发达国家的许多个性化服务通过计算机来实现,无论是个人留言、查询消费账目、结账、叫醒服务,还是客房送餐、VOD 点播等,都可以由客人在房间内通过客房计算机系统自由选择并处理,这是一种高品质的个性化服务。

(5) 心理服务。

凡是能满足客人心理需求的任何个性化服务都将为客人带来极大的惊喜,这就要求酒店服务人员有强烈的服务意识,主动揣摩客人的心理需求,服务于客人开口之前。

3. 个性化服务与规范化服务的关系

需要指出的是,个性化服务与标准化服务并不是两种对立的不同服务,可以说标准化服务是基础,个性化服务是标准化服务的延伸和细化。在强调个性化服务的同时,不能放弃或弱化标准化服务的作用。标准化服务是一家酒店服务质量的基本保证,没有标准的规范的服务,服务质量就成了无本之木。当某些个性化服务成为大多数客人的需求时,这部分个性化的服务就又成了新的服务标准和规范,由此不断改进酒店业的服务水平。

21 世纪是崇尚个性的时代,各种各样的消费品都已改头换面,从整齐划一向品位各异发展,从更深层次上满足消费者的个性需求,使消费者得到自我实现的满足。酒店产品属于高消费产品,在个性设计上更应注重客人这一精神需求,更深层次地关怀人、尊重人,从而体现出酒店产品本身的个性。

(二) 主要的个性化服务项目

1. 贵宾接待服务

(1) 客房部接待贵宾的程序如下:

①客房中心在接到贵宾接待通知单后,应熟悉有关内容,了解贵宾的日程安排、生活习惯与爱好等,并及时通知相关楼层,做好准备工作。

②领班安排楼层服务员对贵宾房进行大清扫(完成各项计划卫生),协助客房服务员、房内用膳服务员将增放的物品放入房间。

③房间布置完毕后,领班进行严格检查,发现问题,立即纠正。

④领班检查合格后,通知楼层主管前往检查。

⑤楼层主管检查合格后,通知客房部经理前往检查。

⑥客房部经理检查合格后,通知大堂经理前往检查。

⑦楼层服务员再进房巡视一遍并抹尘、吸尘,确保万无一失。

⑧贵宾住店期间一离开客房,服务员即进行客房小整理。

⑨根据贵宾的生活习惯和爱好,提供有针对性的服务。

⑩留心贵宾的喜好,做好记录并及时将有关信息传递到总台,以便完善客史档案。

(2) 在贵宾的接待中,需特别注意以下问题:

第一，及时传递信息。保持信息传递的畅通和及时是做好服务工作的一个重要环节，这在贵宾接待过程中尤为重要。贵宾接待通知单是客房部接待贵宾的主要信息来源和依据。客房部应对此进行认真研究，并将有关信息和需要采取的措施传达到所有有关人员，以确保其根据此前的要求进行准备。

第二，注意细节，精益求精。酒店管理和服务水平的高低，往往见于细节之中。因此，在接待贵宾的过程中，服务人员应特别注意细节，精益求精。通常，有经验的管理人员会为贵宾房选用新的印刷品、棉制品及其他用品；在使用两层床单的酒店增加一层床单，即护单，以提高其档次，注意将电视的频道调到客人的母语频道；由于检查客房的人员较多，所以最好在贵宾抵达前进行地毯吸尘和家具设备除尘。

第三，确保员工尽可能地用姓氏或尊称称呼客人。通常，客房服务中心将贵宾通知单放在醒目的位置，贵宾的姓名和房号写在客房部、洗衣房办公室以及楼层工作间的告示白板上。客房部管理人员的任务是确保部门员工记住有关的信息，并在与客人的交流中使用。此外，酒店应在客房服务中心、洗衣房的客衣接线员处配置显示电话，最好在显示房号的同时还显示客人的性别和姓名，以便服务人员在接电话时能立刻以姓氏称呼客人。

第四，提供有针对性的服务。客房部的管理人员，应认真查看客史档案和贵宾接待通知单，并根据客人的具体情况提供针对性的服务。善于观察细节并能提供相应的服务是高质量客房服务的体现，客房服务员在整理客房时往往能从某个细节了解到客人的需求。例如，早晨床上有床罩说明客人夜里嫌冷；床上有多余的枕头说明客人喜欢高枕头；开好的夜床没用而另用他床，说明客人喜欢另一张床的位置；所放的水果没用说明客人可能喜欢其他品种的水果。训练有素的客房服务员绝不会放过这些细节，他们会将这些情况报告给上级领导；或向交班服务员转达，由其对服务做出相应的调整，以争取最大限度地满足客人需求。

第五，尽量不打扰客人。在接待贵宾时常出现的问题是过多地关心客人或清扫客房的时间安排不当而造成对客人的打扰。

由于贵宾是重要客人，楼层服务员往往会首先去清扫他们的房间，而酒店的重要客人一般晚上应酬较多，早晨起床可能会相对迟一些，这就造成了对客人的打扰。因此，除非确定客人已离开房间，一般不要过早去敲门，清扫时间安排在早晨9:30以后比较合理。

过多的检查是另一种打扰的表现。大多数酒店对贵宾房每天要清洁三次以上，即早晨的清洁、下午的小整理及晚上的做夜床，正常的检查要达三次，如果主管和经理再查的话，进房次数会更多，加上服务员进房送报、换水、补充饮料等。进房的次数可高达十几次，对客人来说，这是无法接受的。因此，对贵宾房进行清洁和检查的时间和次数一定要掌握好，既保证客房服务，又不过多打扰客人。

第六，服务适度。有些酒店的客房管理人员过分地重视贵宾，从而过多地提供了一些不必要的服务，反而引起客人的不满。一次性消耗物品更换过于频繁有时会引起客人的反感。对客人而言，他们大多认为自己所使用过的物品是干净物品，如牙刷、牙膏、梳子、香皂等，服务员完全没有必要把刚刚使用一次的用品给换掉，这反而会使客人产生浪费的感觉。高星级的酒店甚至就客人使用过的卫生间棉织品是否需换洗，还要征求客人的意见。很多贵宾对房内茶水被频繁更换表示不满,客人在茶沏好后常会因某种原因而暂时离开房间,回房后还要继续用茶,而不希望在此期间茶被换掉。

第七,协助前厅部选好用房。接待贵宾中常见的另一个问题是客房服务员根据前厅部的安排准备好了客房,而管理人员检查时却发现该房因某些问题而不能使用,其结果是浪费了宝贵的准备时间。从理论上讲,所有可供出租的客房均应处于百分之百的完好状况,而对于一个经营数年的酒店,要做到这点非常困难。因此,客房部管理人员应对酒店的客房完好状况非常了解,为前厅部的选房提供帮助。

2. 对伤病客人的服务

客人来到一个陌生的环境,可能会因为旅途劳累,或气候、水土不服而生病,一些慢性病也较容易复发,遇到这种情况时,处理方法如下:

(1) 得知客人生病后,应首先向客人询问病情,是否需要就医,并报告客房部,表示关心和乐于帮助。

(2) 如客人患感冒,夏季时要为其关掉空调;冬季要根据室温主动为客人加被子、毛毯,为其准备足量的开水或其他物品。

(3) 在客人生病期间,应尽量保持客房内和楼层安静,房间的清洁卫生则可简化。

(4) 如客人患病较重,应通知客房部主管并立即请医务室赶赴现场,实施处理。动员重病号住院治疗,不可延误时间,避免发生意外。

(5) 如果发现客人得了传染病,要及时向部门经理汇报,并马上报告卫生防疫部门迅速将客人转送医院治疗,客人住过的房间,用过的设施物品,要请防疫部门彻底消毒。

(6) 写出客人伤病事件处理过程的详细报告,说明客人伤病原因、症状、处理方法及结果。

3. 对醉酒客人的服务

酒店中醉酒问题经常发生,对待不同的醉酒客人应采取不同的、灵活机动的应对方法。具体的常规处理方法如下:

(1) 发现客人有醉态,服务员要主动上前搀扶客人到房间(女服务员应找客人的同伴同行)。

(2) 进房后扶客人躺在床上,帮客人沏上一杯浓茶,床边可放一个脸盆和一些卫生纸。将火柴、打火机、刀之类的危险物品放到客人拿不到的地方。对重度醉酒客人,如若闹事,应协助保安人员将其制服,以免其扰乱其他客人或伤害自己。

(3) 如果客人呕吐,应及时清理。

(4) 在安置醉酒客人回房休息后,服务员要特别注意其房内动静,以免客房用品受到损坏,或出现不安全的情况,如因客人吸烟发生火灾等。

4. 对老年客人的服务

年老体弱的客人具有年岁大,视力、听力差,记忆力减退,行动不灵活等特点,在日常服务中,要给予特别关照。

当他们到达酒店后,服务员应立即迎上前去搀扶他们就座,最好能安排他们坐在活动座椅里。要帮助他们把手杖放到安全的地方,要牢记在老年客人离开前把手杖交给他们。上下电梯要主动搀扶,时常提醒一些事项,帮助提拿一些物品等。

在服务过程中,要随时观察客人的身体状况,因为老年客人的身体较弱,由于长途旅行，加上气候、水土、饮食方面的变化，他们比较容易生病。

如果客人突然在酒店发病，要保持镇静，按照对伤病客人的服务程序进行服务。

5. 对挑剔、容易暴躁的客人的服务

对于这一类客人的服务一定要有耐心，态度要友善，在不影响酒店利益的情况下，尽量顺从他们的要求。比如，刚刚清理好的客房，客人说卫生间不整洁或床单不干净，服务员不妨在客人面前再清理一遍，以满足客人的要求。

挑剔和易暴躁的客人往往会对酒店的工作提出意见，无论是否合理，客人提出的意见大多是因为有不满意的地方，要本着"客人总是对的"的原则处理好各种客人意见。对客人提出的意见一定要虚心听取。如果是一时误会，服务员也不要急于辩解，等客人讲完后，再耐心细致地解释，以取得客人的谅解，并向客人表示感谢，感谢他对客房工作的关心。

容易暴躁的客人提意见时，往往态度不好，有时还会开口骂人。接待好每位客人，是服务员最基本的职责。即使客人态度很差，只要他的言行没有严重越轨，就要耐心听取，始终保持冷静，认真检查自己工作的不足之处。等客人平静后再进行解释与道歉，绝不能与客人争吵。

如果服务员尽了最大努力，仍无法平息客人的怒气，就要及时向领导汇报，请领导出面解决。

6. 对儿童的服务

随着散客旅游的发展，越来越多的家庭出门旅游，因此酒店接待的儿童也越来越多，服务员要学会根据儿童的心理和特点进行服务。基本原则是对待儿童要像对待成人一样不可懈怠，要进行耐心、周到的服务。

很多酒店设有专门为儿童特制的用品，如在客房放有婴儿床。在为儿童服务过程中，最重要的是把最有吸引力的东西拿给他们，这样可以减少不必要的扰乱，使服务员顺利地进行工作。切记不能随便抱儿童或给他们乱吃东西。

7. 对残疾客人的服务

在日益发达的旅游业中，旅游者的范围越来越广，行动不方便的残疾人也加入了这个行列。因此，酒店针对他们的特点，提供特殊服务是非常重要的，应尽量使公共场所的设施设计符合残疾人士的需要，尽量使他们感到方便。

其一，应在思想上树立正确认识，把他当成普通客人对待，千万不可用异样的目光看待他们，更不可流露出轻视的样子，因为这样会严重伤害客人的自尊心。

其二，在对残疾客人的服务工作中，如果他们自己要做，而且是他们力所能及的事情，服务员应根据实际情况，灵活、适当地帮助他们，使他们感到服务员提供的是服务而不是同情。

8. 对死亡客人的处理

如发现客人死亡，应马上报警，在警察还没到来前要保护好现场。处理程序如下：

（1）将客房门锁上，以便缩小影响范围，保护现场。

（2）要验明死者身份，如果不是住店客人要查看证件。

（3）死者财产的保管责任在于酒店，如果警察要将客人物品带走并作为证据，必须请对方签名。

(4) 将死者送出酒店时要避开客人，走员工通道。

(5) 对房间进行整理、消毒。

任务三　客房接待服务质量管理

"质量是企业的生命"这一观念已经成为当代企业的基本共识，对于酒店管理也是如此。在市场竞争条件下，酒店经营成败的关键在于服务质量。客房接待服务是酒店服务的重要组成部分，其质量高低直接影响酒店服务质量和客房出租率。要加强客房接待服务质量管理，提高客房的接待服务质量水平，必须认识客房接待服务质量及其管理内容。

一、客房接待服务质量的构成

服务质量是指以设备或产品为依托的劳务适合和满足客人物质和精神需求的程度。适合和满足的程度越高，服务质量就越好。客房接待服务质量要素一般由以下六个方面构成。

（一）服务态度

服务态度是提高服务质量的基础。它取决于服务人员的主动性、积极性和创造精神，取决于服务人员的素质、职业道德和对本职工作的热爱程度。在客房服务实践中，良好的服务态度表现为热情服务、主动服务和周到服务。

（二）服务技巧

服务技巧是提高服务质量的技术保证，它取决于服务人员的技术知识和专业技术水平。客房服务员在为客人提供服务时总要采用一定的操作方法和作业技能。服务技巧就是这种操作方法和作业技能在不同场合、不同时间，以及针对不同对象服务时，能适应具体情况而灵活、恰当地运用，从而取得更佳的服务效果。只有掌握服务规程和操作程序，不断提高接待服务技术，具备灵活应变能力，才能把自己的聪明才智和酒店接待服务工作结合起来并体现在为客人服务的全过程之中，从而为客人提供高质量、高效率的服务。服务技巧作为劳务质量的重要组成部分，关键是抓好服务人员的专业技术培训，其基本要求是掌握专业知识，加强实际操作训练，不断提高技术水平，充分发挥接待的艺术性，包括接待艺术、语言艺术、动作表情、应变处理艺术等，以提高服务质量。

（三）服务方式

服务方式是指酒店采用什么形式和方法为客人提供服务，其核心是如何方便客人，使客人感到舒适、安全、方便。服务方式随着客房服务项目的变化而变化。客房服务项目大体上可分为两大类:一类是基本服务项目,即在服务指南中明确规定的,对每个客人几乎都要发生作用的那些服务项目;另一类是附加服务项目,是指由客人即时提出,不是每个客人都需要的服务项目。服务项目反映了酒店的功能和为客人着想的程度。因此,客房接待服务质量管理必须结合各个服务项目的特点,认真研究服务方式,如客房预订方式、接待方式等。各种服务方式都必须从住店客人的活动规律和心理特点出发,有针对性地提供服务,如客房清扫的顺序和时间安排,传真、复印的手续是否方便客人等。总之,每一个服务项目都要根据实际需要来选择服务方式,以提高服务质量为根本出发点。

(四)服务效率

服务效率是服务工作的时间概念,是提供某种服务的时限。等候对于外出旅行的人来说是一件头痛的事,因为等候使人产生一种心理不安定感,况且离家外出本身就存在不安全感,而等候则强化了旅游者的这种心理。所以,客房接待服务要想尽量减少等候时间,就要讲求效率。

服务效率有三类:第一类是用工时定额来表示的固定服务效率,如打扫一间客房需要半小时等;第二类是用时限来表示的服务效率,如总台登记入住每人不超过 3 分钟,客人衣服洗涤必须在若干时间内送回等;第三类是有时间概念,但没有明确的时限规定,是靠客人的感觉来衡量的服务效率,如设备坏了报修后多长时间来修理等。服务效率在客房接待服务中占有重要的位置,酒店要针对以上三类情况,用规程和具体的时间来确定效率标准。

(五)礼节礼貌

礼节礼貌是提高服务质量的重要条件。礼节礼貌是以一定的形式,通过信息传输向对方表示尊重、谦虚、欢迎、友好等的一种方式。礼节偏重于礼仪,礼貌偏重于语言行动。礼节礼貌反映了一家酒店的精神文明和文化修养状况,体现了酒店员工对客人的基本态度。酒店员工礼节礼貌的内容十分丰富,灵活性很强,主要表现在个人形象、态度、礼仪,以及服务方式、语言谈吐、行为动作等方面。

(六)清洁卫生

客房的清洁卫生体现了酒店的管理水平,也是服务质量的重要内容。客房的清洁卫生工作要求高,必须认真对待。首先要制定严格的清洁卫生标准,岗位不同,接待内容不同,清洁卫生标准也有所不同;之后要制定明确的清洁卫生规程,具体规定设施、用品、个人的卫生操作规程,并要健全检查保证制度。

二、客房接待服务质量标准的建立

(一)客房接待服务质量标准设计的依据

客房接待服务质量标准的设计主要应该考虑三个方面的因素。

1. 适应性

设备设施的质量标准必须和酒店星级与档次相适应,星级越高,客房服务设施就越完善,设备就越豪华、舒适。因此,客房服务设施的标准有不同的层次。

2. 合理性

服务质量的标准必须和产品价值相吻合。客房接待服务质量的标准体现的是客房产品价值含量的高低。与其他产品一样,客房产品也应该符合物有所值的要求,服务质量的标准包括有形价值和无形价值两部分。由于它关系到消费者和酒店双方的利益,制定的标准应该准确合理。标准过高,酒店就要吃亏;标准过低,客人会不满意,从而影响酒店的声誉。

3. 针对性

服务质量的标准必须以客人的需求为出发点。服务质量中人的劳务质量体现在服务态度、服务技巧、礼节礼貌等各个方面,其质量高低主要取决于客人的心理感受,因此,任何脱离客人需求的服务标准都是没有生命力的。

(二) 客房接待服务质量标准的内容

根据客房接待服务质量标准设计所要考虑的因素,客房服务质量的标准应包括十个方面的内容。

1. 服务工作标准

服务工作标准主要是指酒店为保证客房接待服务质量水平而对服务工作所提出的具体要求。服务工作标准不对服务效果做出明确的要求,只对服务工作本身提出具体要求。例如,客房床单应每日更换一次,大堂地面必须每天定时推尘。

2. 服务程序标准

服务程序标准是指将服务环节根据时间顺序进行有序排列,既要求做到服务工作的有序性,又要求保证服务内容的完整性。例如,客房接待服务有四个环节,即客人到店前的准备工作、客人到店时的迎接工作、客人住店期间的服务工作、客人离店时的检查工作。其中,每个环节又进一步细分出很多具体的步骤和要求,如果这个环节中有任何一个步骤出现问题,都会使客房接待服务质量受到很大影响。确定客房服务程序标准是保证服务质量的重要举措。

3. 服务效率标准

服务效率标准是指在接待服务中建立的服务时效标准,以保证客人得到快捷、有效的服务。例如,客房服务中心在接到客人要求服务的电话时,3分钟内必须为客人提供服务;对于客人交付的洗烫的衣物,必须在24小时之内交还客人等。

4. 服务设施用品标准

服务设施用品标准是指酒店对客人直接使用的各种设施和用品的质量与数量做出的严格规定。设施和用品是酒店服务产品的硬件部分,其标准的高低直接影响客房产品质量水平的一致性。如果客房中的一次性牙刷和牙膏质量低劣,客人就往往会在使用这些劣质用品时对酒店整体的质量水平产生怀疑和不满。

5. 服务状态标准

服务状态标准是指酒店针对为客人所创造的环境状态、设施使用保养水平提出的标准。例如,客房设施应保持完好无损,所有电器可以正常使用,卫生间24小时供应热水,地毯无灰尘和霉变。

6．服务态度标准

服务态度标准是指对服务员提供面对面服务时所应表现出的态度和举止礼仪做出的规定。例如,服务员必须站立服务,接待客人时应面带自然微笑,站立时不得前倾或后靠,不得双手叉腰以及搔头挖耳,当着客人面不得高声喧哗、吐痰、嚼口香糖等。

7．服务技能标准

服务技能标准是指客房服务员所应具备的服务素质和应达到的服务等级水平及语言能力,规定服务人员所应具有的服务经验和所应掌握的服务知识,规定特定岗位上的服务员能够熟练运用的操作技能。例如,一名客房清扫员应能在30分钟左右完成一间标准客房的清扫工作。

8．服务语言标准

服务语言标准是指酒店规定的待客服务过程中所必须使用的标准化语言。酒店在欢迎、欢送、问候、致谢、道歉等各种场合下要求员工使用标准语言。例如,规定服务中使用的敬语口诀:"请"字当头,"谢谢"不断,见面"您好",离别"再见",得罪客人"对不起",客人谢谢"没关系"等。另外,酒店也应明确规定服务忌语,如规定在任何时候不能回答客人说"不知道"。使用标准化语言可以提高服务质量,确保服务语言的准确性。

9．服务规格标准

服务规格标准是指酒店对各类客人提供服务所应达到的礼遇标准。例如,规定对于入住若干次以上的常客,提供服务时必须称呼客人姓名;对于入住豪华套房的客人,提供印有客人烫金姓名的信纸、信封;对于VIP,在其房间要放置鲜花、果篮。

10．服务质量检查和事故处理标准

服务质量检查和事故处理标准是针对服务标准的贯彻执行所制定的标准,也是酒店服务质量的必要构成部分。发生服务质量事故,酒店一方面要有对员工的处罚标准,另一方面要有事故处理的程序和对客补偿以及挽回影响的具体措施。

三、客房接待服务质量控制的主要环节

(一)准备过程的质量控制

在客人到店之前,各岗位要做好充分的准备工作,加强质量管理,这是保证服务质量的物质基础和前提条件,直接关系到整个服务过程的质量。

1．精神准备

精神准备要求每个服务人员精神饱满、思想集中、着装整洁、规范上岗。必要时要事先了解客人的身份、生活习惯等,以便有针对性地提供服务。

2．物质准备

物质准备包括前厅、客房、安全保卫等各方面的准备工作,保证客人一进店就能获得满意的服务。例如,客房部要检查房间的设备是否齐全、完好,房间是否整洁,布置是

否美观、舒适,用品配备如何等,以确保客房的质量标准。

(二) 接待服务过程的质量控制

接待服务过程是客房服务全过程中的关键环节,其质量是客房接待服务质量最直接、最具体的体现。接待服务质量的高低,直接影响客人的满意程度和酒店的声誉。接待服务过程的质量控制主要有以下两方面内容。

(1) 严格执行接待服务规范,加强服务质量检查。客人到店入住后,服务人员必须严格按规范的标准方法和程序进行操作,为客人提供优质服务。各级管理人员要以服务质量标准为依据,加强对服务质量的监督和检查,若发现质量问题,要及时纠正,加强控制。特别是对接待服务的关键部门、岗位或薄弱环节要实行重点有效控制。

(2) 收集质量信息,分析产生质量问题的原因,尽快研究改进。

(三) 结束过程的质量控制

接待服务结束工作的质量控制,是客房全过程质量控制的最后一个环节。主要内容有以下两个方面。

1. 客人离店前的工作

(1) 服务人员要主动、诚恳地征求意见,对服务的不足之处要表示歉意。对一些未尽事宜或客人提出的要求和投诉,要尽可能给予补救和答复解决。

(2) 掌握客人离店时间,认真核对客人账单,保证准确、及时结账,防止漏账。

(3) 客人离店时,主动告别,并表示感谢,欢迎客人下次光临。

2. 客人离店后的工作

正确处理客人遗留、遗弃物品。做好新一轮的接待服务准备工作,以迎接下一批客人的到来。

四、提高客房接待服务质量的途径

(一) 培养员工的服务意识

服务意识是员工应该具备的基本素质之一,也是提高服务质量的根本保证。服务意识是酒店全体员工在与一切酒店利益相关的人或组织的交往中所体现出来的为其提供热情、周到、主动的服务的欲望和意识。主要要求注意以下几个方面。

(1) 要培养客房服务员的服务意识就必须先培养服务员对本职工作的热爱之情,只有真心喜欢这份工作,工作起来才会有热情,才会主动,才会有为客人服务的强烈欲望。

(2) 要培养客房服务员的服务意识就必须使其正确认识所从事的工作,不断更新观念,做到爱岗敬业。

(3) 要培养客房服务员的服务意识就必须使其正确理解服务对象的需求、情绪,真正做到急客人之所急。

(二）强化训练,掌握服务技能

服务技能和操作规程是提高客房服务质量和工作效率的重要保障,客房部服务员必须熟练掌握。客房部可以通过强化训练、组织竞赛等多种手段来提高客房服务员的服务技能。

(三）为客人提供微笑服务

微笑服务是客房服务员为客人提供真诚服务的具体表现,微笑是服务工作所要求的基本礼貌礼节,是优质服务的基本要素。

(四）为客人提供个性化服务

提供规范化的服务是保证客房服务质量的基本要求,但不应仅仅满足于为客人提供这一类的服务,因为每一位客人都是不同的,都有自己的个性与特色,只有为其提供相应的个性化服务,才能使客人对客房部的服务更加满意。

(五）做好与酒店其他部门的合作与协调

要提高客房服务质量,还必须做好与酒店其他部门的合作与协调,特别是前厅部、工程部、餐饮部、保安部等部门。客房部与这些部门的联系密切,客房部的接待服务工作必须得到上述部门的理解和支持才能顺利完成。客房部也必须理解和支持上述部门的工作,加强与这些部门的信息沟通。

(六）征求客人对服务质量的意见

客人是客房服务的直接消费者,最能发现客房服务中的缺陷,因此对服务产品也最有发言权。要提高客房服务的质量,征求客人的意见是一个十分重要的途径。征求客人的意见可以有多种途径,较常用的有两种方式:一是设置客人意见簿,及时征求客人对于客房部各项服务的意见,可在客房设置意见簿,而且应落到实处,注意对其进行管理;二是直接向客人征求意见。

(七）加强员工培训

服务是无形产品,只有提供现场服务,其价值才能实现。因此,服务质量的高低,直接取决于服务人员素质的高低,而培训是提高员工素质的有效手段,酒店应把培训工作列为重点工作来抓。培训工作不能流于形式,应该计划周密、形式多样、严格要求、注重实效,做到"六结合",即岗前培训与在职培训相结合、管理人员培训与服务人员培训相结合、业务技能培训与服务意识培训相结合、"请进来"培训与"走出去"培训相结合、理论知识培训与实际操作培训相结合、长期培训与短期培训相结合,从而形成全方位的经常性培训,培养出一批高素质的员工,为提高服务质量奠定坚实的基础。

> 知识活页

五星级酒店必备项目检查表（客房部分）

即学即测

1. 客房接待服务的特点有哪些？
2. 客房接待服务项目设立的原则有哪些？
3. 提高客房接待服务质量的途径有哪些？

实战训练

一、实训要求

（1）通过对网络上酒店客房发生的投诉案例的分析，能够识别酒店客房发生的投诉并提前预防，掌握预防投诉常识。

（2）掌握酒店客房检查的内容、标准，并发现问题。

（3）掌握开夜床服务的技能技巧，养成想客人之所想，千方百计为客人提供高品质服务的好习惯。

（4）掌握会客服务的规程和注意事项。

二、实训项目

1. 顾客投诉分析

任务实施：

（1）以组为单位（2—3 人为一组），登录相关网站，查阅酒店客房发生的投诉案例。

（2）以组为单位，讨论酒店客房发生的投诉问题造成的后果。

（3）通过案例学习，归纳出酒店的预防措施。

2. VIP 客房检查

任务实施：

（1）在全真的实训环境中进行情景模拟，设计被检查的客房，将问题埋设其中。

（2）分组模拟客人、大堂副理、主管、领班等角色。

（3）通过讲解、示范、实际操作、总结，掌握酒店客房检查的内容、标准。

3. 开夜床服务

任务实施：

（1）将学生分组，每2人一组，1人扮演前厅部服务员，1人扮演客人，模拟开夜床服务的流程。

（2）完成一轮实训后，学生双方互换角色，再进行一次实训，然后各自谈谈感受，并说出实训中存在的不足。最后，指导教师点评，总结任务要点。

任务道具：

工作记录表、笔。

操作步骤：

（1）准备工作。

①将参加班前会时所了解的房态认真记录在表格中。

②注意观察房门外是否有"DND"牌，并在工作表上做好记录。

③备好开夜床所需的早餐点餐牌、巧克力、鲜花、水果、推车等物品。

（2）服务步骤。

开夜床服务通常在18:00以后开始，也可在客人到餐厅享用晚餐时进行，或按服务台的要求进行。

①进客房要敲门或按门铃，并通报自己的身份和目的——夜床服务。如果客人在房内，则应经客人同意方可进入，并礼貌地向客人道晚安；如果客人不需要开夜床，服务员应在开夜床表上做好登记。

②开灯，并将空调调到指定的温度。

③轻轻拉上遮光窗帘和二道帘。

④开床，即将床罩从床头拉下，整齐好，放在规定的位置。将靠近床头一边的毛毯连同衬单（盖单）向外折成45°。拍松枕头并将其摆正，如有睡衣应叠好放置于枕头上。按酒店规定在床头或枕头上放上鲜花、晚安卡、早餐牌或小礼品等。

⑤清理烟缸、桌面和倒垃圾，如有用膳餐具也一并撤走。

⑥按要求加注冰水，放入报纸或将酒店提供的浴衣摊开在床尾。

⑦如有加床，则在这时打开整理好。

⑧整理卫生间。

⑨检查一遍卫生间及房间。

⑩除夜灯和走廊灯外，关掉所有的灯并关上房门。如果客人在房内，不用关灯，向客人道别后退出房间，轻轻将房门关上。

⑪在开夜床报表上登记。

（3）要点及注意事项。

①上述夜床服务内容和操作程序源于美式酒店规格化，因此在具体的夜床服务中，应在了解客人的风俗习惯后加以调整和增减。例如，英式夜床服务的内容仅为将床罩从床头拉下折好，然后放入规定的地方即可。

②是否进行夜床服务，应根据酒店的档次和经营成本而定。同样，是否需要重新更

换毛巾等客用品,也应根据房间的等级和经营成本而定。

4. 访客接待服务

任务实施:

(1) 将学生分组,1人扮演前厅部服务员,小组其他人扮演客人,模拟访客接待服务的流程。

(2) 完成一轮实训后,学生之间互换角色,再进行一次实训,然后各自谈谈感受,并说出实训中存在的不足。最后,指导教师点评,总结任务要点。

任务道具:

工作记录表、笔。

操作步骤:

(1) 准备工作。

问清来访客人的人数和时间,是否准备鲜花和饮料,有什么特别的要求等。在来访客人到达前半小时做好准备。若是来访客人已到住店客人房间后才接到通知,服务人员应立即按照住店客人的要求提供现场服务。

(2) 服务步骤。

① 按照规范敲门进房,向客人礼貌地表示问候。

② 根据人数和场地情况,将增加的椅子摆放到合适的位置。

③ 为在场的每一位客人提供茶水或饮料服务。会客期间,视情况安排专人为客人续水或加饮料。

④ 会客完毕后,主动撤掉加椅。

⑤ 迅速将客人的房间收拾整理后复位。

⑥ 填写会客服务登记表。

(3) 要点及注意事项。

① 未经住店客人同意,不得随便将其姓名和房号等信息告诉来访客人。

② 未经住店客人同意,不得将来访客人引进住店客人的房间,应礼貌地请来访客人在酒店的公共区域等候。

③ 对晚间来访客人,服务员应主动提醒来访客人在酒店规定的时间前离开客房。对于到了规定时间仍未离开房间的来访客人,服务员应礼貌地提示。对于晚间需要留宿住店客人房间的来访客人,服务员应请来访客人到酒店总服务台办理登记手续。

 案例分析

多放的枕头

上海某星级酒店的客房服务员小李在打扫房间的过程中,发现308房间的其中一位住客床上的枕头中间有个明显折痕。他在打扫过程中就在那张床铺上放了三个枕头,客人回来后发现了这个变化,就打电话到客房服务中心问是怎么回事,几经周折才知道是小李擅自放的。酒店原以为客人会责怪员工的自作主张,谁知客人却表扬了小李的细心。

(资料来源:陈宇《前厅客房服务与管理》,北京理工大学出版社,2010年版。)

思考讨论：
请就此材料谈谈你对客房接待服务的认识。

案例评析：
这个案例虽是一件很小的事情，但往往能从小事中看出酒店员工的素质、服务态度。小李是负责房间清扫的，但他细心地发现了客人对枕头高度的需求，于是主动为客人提供多加一个枕头的服务，在客人未提意见之前就已经帮客人办好，这是真正从客人的角度出发，让客人体会到酒店的关心，给客人制造了一个意外的惊喜。

项目十
客房设备、用品管理

项目目标

知识目标
1. 了解客房部设备、用品管理的意义和基本方法。
2. 熟悉客房部布件、日用品的管理方法。

能力目标
1. 能够处理客房设备的选择、储备、使用和保养等工作。
2. 能够进行布件、日用品的消耗定额计算。

素质目标
1. 具备绿色环保意识。
2. 具备节约意识。

思维导图

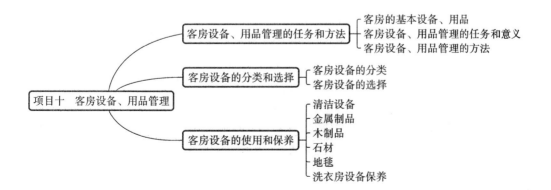

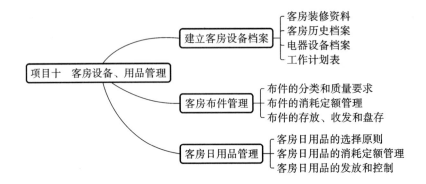

任务一　客房设备、用品管理的任务和方法

客房设备、用品管理，就是对酒店客房商品经营活动所必需的各种基本设备和用品的选择、储备、保养和使用所进行的一系列的组织和管理工作。

一、客房的基本设备、用品

为了便于管理，客房的基本设备、用品可分为两大类。一类是设备部分，属于企业的固定资产，即使用期限超过一年的生产经营用房屋、机器设备、家具设备、工具器具等。另一类是用品部分，属于企业的周转性用品和消耗性用品。周转性用品是指单位价值没有达到规定限额，使用年限不到一年的不能作为固定资产的物品，如不锈钢器具、布件等；消耗性用品是指价值低、使用周期短或一次性使用的物品，如清洁用品、一次性客用品等。

（一）房屋

房屋指经营用客房、仓库、洗衣房、办公室等，以及安装在房屋内部，与房屋不可分割的各种附属设备，如水暖设备、卫生设备、空调设备等。

（二）家具设备

家具设备指用于经营服务的床铺、沙发、写字台、梳妆台、琴凳等，以及经营管理方面所使用的家具。

（三）电器设备

电器设备指用于酒店经营服务或管理的计算机及其网络设备、音响设备、电视机、电冰箱等。

（四）地毯

地毯包括在酒店所有区域使用的不同材质的如全毛、混纺、化纤等各种地毯。

（五）机器设备

机器设备指用于经营服务的洗衣机、烘干机、打蜡机和吸尘器等。

（六）生活用品和装饰用品

生活用品和装饰用品包括布件、消耗品、挂毯、字画、烟缸、茶具等。

二、客房设备、用品管理的任务和意义

（一）客房设备、用品管理的任务

客房设备、用品管理的任务如下。

1. 合理选择和配备设备、用品

酒店应根据其等级、规格和接待能力来选择与配备设备、用品，使之在规格、型号、等级、色彩、质量等各个方面都相适应。

2. 制定客房设备、用品管理制度

客房设备、用品花色品种多，分布范围广，协作配合程度高，只有合理制定管理制度，如用品分级归口管理制度，设备管理岗位责任制及工作程序，才能做好设备维护和物品管理工作。

3. 加强设备、用品的日常管理

酒店根据客房物资用品的消耗特点实行定额管理，分别制定配备定额、消耗定额、储备定额，然后推行定额管理，以控制各种用品消耗，减少资金占用，提高经济效益。

4. 对现有设备进行更新改造

酒店应根据设备使用情况及时提出设备更新改造计划。

（二）客房设备、用品管理的意义

酒店客房设备、用品管理的意义如下。

（1）可以保证酒店客房商品经营活动的正常进行。

（2）是提高客房服务质量的必要物质条件。

（3）是酒店提高经济效益的重要途径。

三、客房设备、用品管理的方法

酒店客房设备、用品种类繁多,价值相差悬殊,必须采用科学的管理方法,做好管理工作。

(一)核定需要量

1. 客房设备部分

客房部根据客房等级、标准和数量,分别核定设备的品种、规格、数量和质量,统一造册,然后计算出客房设备需要量和所需资金,上报酒店审批购买。

2. 生活用品部分

客房部根据客房等级、标准和房间数量核定消耗定额,包括储备定额和周转需要的用品定额。由于各种用品的更新期和周转期不同,低值易耗品部分需要分别核定,物料用品要根据实际需要量大致进行测算,最后形成总的定额需要量。

(二)设备的分类、编号及登记

客房设备按其用途,可分为房屋及建筑物、机器设备、家具设备、地毯、家用电器设备和其他固定资产等;按使用状况,又可分为在用设备和未使用设备。

设备的编号没有统一的规定和要求,一般可采用三节号码法,第一节号码标明设备的种类,第二节号码标明设备的所在位置,第三节号码标明设备的组内序号。

(三)分级归口管理

分级就是根据酒店内部管理体制,实行设备主管部门、使用部门、班组三级管理,每一级都有专人负责设备管理,都要建立账卡。使用部门和设备主管部门建立设备分类明细账,同时记载实物数量和金额,财务部门实行金额控制,设备调拨、报损、报废,各级都要及时凭证登记账卡。归口是指某类设备归其使用部门或班组管理,如客房的电器设备归楼层班组管理。

分级归口管理,有利于调动员工管理设备的积极性,有利于建立和完善责任制,切实把各类设备管理好。

1. 建立完善的岗位责任制

设备用品分级归口管理,必须有严格、明确的岗位责任做保证。岗位责任制的核心是责、权、利三者的结合。

2. 客房用品的消耗定额管理

实行客房用品的消耗定额管理,就是以一定时期内,为保证客房经营活动正常进行所必须消耗的客房用品的数量标准为基础,将客房用品消耗数量定额落实到每个楼层,进行计划管理,用好客房用品,达到增收节支的目的。

任务二　客房设备的分类和选择

一、客房设备的分类

客房设备的分类如下。

（一）家具

床、床头柜、写字台、座椅、小圆桌、沙发、行李架、衣柜等。

（二）电器设备

照明灯具（门灯、顶灯、地灯、台灯、床头灯等）、电视机、空调、音响、电冰箱、电话等。

（三）卫生设备

洗脸台、浴缸、坐便器、毛巾架、镜子等。

（四）安全装置

烟雾感应器、窥视镜（猫眼）、安全链、门后安全图、楼道监控、灭火器等。

二、客房设备的选择

（一）客房设备选择的标准

客房设备管理是全过程的管理，即从设备的选择开始，到设备的使用、保养和维修的每个环节都要加强管理，认真做好各项工作。客房的设备主要包括两大类，即清洁设备和客房设备。客房设备主要包括家具、电器、卫生洁具及一些配套设施。在选择时要综合考虑以下几个主要因素。

1．防水防潮

水汽的侵扰常常会对酒店客房的家具造成破坏。茶水的倾倒、卫生间水汽的弥漫、洗浴湿毛巾的接触、季节性气候湿度变化等，都会造成家具封边暴露或脱落，板面变形膨胀，饰面裂纹、起泡、霉变等问题，所以购买家具应重点考虑其防水防潮的功能。

2．防火、耐高温

点燃的香烟、火柴等会对家具表面造成损伤，严重的甚至造成火灾。家具防火阻燃的性能不可忽视。

3. 耐磨

客房常规用具，如电话、烟缸、茶杯、台灯、花盆、电热水壶等，在日常使用中都有可能与家具表面摩擦从而造成划痕，影响家具的使用寿命。家具板材的耐磨性是决定家具使用寿命的重要因素之一。

4. 环保

家具用材如刨花板、纤维板、胶水、油漆等，会释放对人体有害的气体。酒店客房相对密闭，刺激眼鼻的气体将直接影响客房的入住率，家具的环保性已成为客人选择入住酒店条件的重要因素。

5. 款式、风格及设计

家具的风格和款式应与装修风格相谐调，避免简单装修配套豪华家具，或豪华装修配套低档家具；家具选择应考虑酒店及公寓的地理位置、面向客户群、客房定价以及投资限制等，应以客人的喜好和消费观念为中心，以家具合理设计及产品的风格来弥补建筑及装修的不足，提升酒店的档次及特色。

6. 一次投资及保值时间

为保证不因家具的老化和损坏而影响客人入住率，家具的选择除考虑一次投资成本外，还应考虑一次装修经营过程中的家具重复累计投资，应选择不需要重复投资也能长久保持良好的外观质量、性价比高的产品，同时对家具公司给出的保修时间也应有所考虑。

7. 艺术性

酒店客房家具的设计对于酒店的整体形象会起到一定的作用，设计得出色也会给客人留下一个很好的印象。在家具设计中，不同类型家具的造型、材质和色彩会产生相应的变化。同时，除了家具设计，酒店客房家具的质量也是很重要的一个方面。我们既要赋予家具实用性和功能性，还应让它具有高尚的审美情趣，使精良的设计功能与酒店客房家具交相辉映，提升艺术性。

8. 易清洁性

酒店客房家具相当于酒店的门面之一，所以客房家具的清洁是必须的并且尤为关键。酒店客房家具是客人进入房间后产生第一印象的重要影响因素，我们需要注意的是，不要用粗布、旧衣服擦拭家具。定期清洁防止灰尘侵入是最好的保养酒店客房家具的方法。

9. 实用性

从实用性的角度来看，客房家具的角最好都是钝角或圆角，这样可以避免给年龄小、个子不高的客人带来伤害；电视机应下设可旋转的隔板，因为很多客人看电视时需要调整电视角度；插座的设计要考虑手机的充电使用，这往往是很多酒店客房设计所忽略的；床头灯的选择要精心，要防眩光；网线的布置要考虑周到，其插座的位置不要离写字台太远。这样就能达到酒店客房家具设计的实用性标准了。

（二）卫生间设备的选择标准

酒店客房卫生间的面积一般为 4—7 平方米，主要设备是浴缸、坐便器、洗面台三大件。

浴缸有铸铁搪瓷、钢板搪瓷和人造大理石等多种材质，以表面耐冲击、易清洁和保温性良好为佳，浴缸底部应具备凹凸或光毛面等简单防滑措施。

坐便器、洗面台有瓷质、铸铁搪瓷、钢板搪瓷和人造大理石等多种材质，使用最多的是瓷质，它具有美观且容易清洁的优点。

（三）地毯的选择标准

地毯的装饰性强，并具有出色的保暖和隔音效果以及脚感舒适等特点，受到高星级酒店的青睐。选用地毯时需与酒店等级、客房档次相一致；在地毯的材质和色彩下功夫，体现装饰艺术效果；客房适宜选用柔软、富有弹性、保暖、触感好的较高档次的纯毛地毯和混纺地毯，色彩最好采用中性色调，图案样式力求平衡、大方、淡雅，太花、太杂或过于强烈的色彩和图样不宜采用。在选择地毯方面还应注意以下标准。

1. 品种选择

选择地毯时首先应根据不同客房的价格高低选择不同档次的地毯。同时，应考虑到"四防、二耐"，即防污染、防静音、防霉、防燃和耐磨损、耐腐蚀。

2. 尺寸选择

地毯规格、尺寸的选择也应与房间的功能相适应。通常卧室陈设比较简单，可采用满铺地毯。在人们走动较多的地方可铺设方块地毯（常用尺寸为500毫米×500毫米）。方块地毯色彩、尺寸多种多样，调换方便。

3. 外观质量选择

无论选择何种质地的地毯，外观质量都要求毯面无破损、无污渍、无褶皱、色差、条痕及修补痕迹均不明显，毯边无弯折。选择化纤地毯时，还应观其背面，毯背不脱衬、不渗胶。

（四）智能化设备的选择

客房智能化已逐渐成为现代酒店的标志，这不仅仅是为了追求时尚，吸引更多客人，更重要的是能从各方面节约成本，让酒店整体上进入盈利模式。酒店客房智能化实现的关键之一就是客控系统，利用客控系统对客房的灯光、窗帘、空调、电视、门锁等进行智能化的控制管理，运用多项技术实现电能节约、灯光智能控制、安全防范。常见的客房智能化设备控制管理主要有以下几种。

(1) 分散式触摸屏智能灯光开关控制。

(2) 空调自动恒温与开关控制。

(3) 服务功能（勿扰、清洁、呼叫、服务、退房、请稍候）控制。

(4) 世界时间的切换显示。

(5) 辅助安装管理功能。

(6) 背景音乐与紧急广播功能。

(7) 电视伴音控制。

(8) 网络远程管理与控制。

任务三　客房设备的使用和保养

一、清洁设备

(1) 使用前检查机器电源线是否完好,能否正常运转。
(2) 操作过程中,严格按照说明书上的使用方法进行正确操作。
(3) 操作过程中,发现机器有异常情况应立即停止使用并报修。
(4) 操作完成后,按照正确的清洁方法清洁机器。
(5) 使用完毕后,将电源线缠好,放置在机器统一存放点。
(6) 对于长期不用的设备,每月应进行一次检查并做好记录。
(7) 每月由厂家的专业维修人员进行一次检查维保(需要酒店与厂家签订维保协议)。

二、金属制品

(1) 金属制品在潮湿的环境中易被氧化。因此,清洁时应用柔软的干布清洁,不可用湿布,污迹过多时可用中性或弱碱性清洁剂去污。
(2) 避免使用酸性清洁剂,以免腐蚀金属表面,使金属表面变色。
(3) 金属制品上的水渍应立即擦干,应保持其干燥、清洁、光亮。否则,长时间会引起氧化。
(4) 定期使用金属光亮剂,保养金属表面。光亮剂会在金属表面形成一层保护膜,增加金属制品的寿命,使之光亮。

三、木制品

(1) 木制品需做好防热、防潮的工作。
(2) 木质桌椅每周使用家私蜡进行一次打蜡保养。
(3) 木质墙面及天花板每周擦尘一次,每月进行一次打蜡保养。
(4) 发现有掉漆、晃动不稳等工程问题及时报修。

四、石材

（一）墙面石材

（1）公共区域的石材需要每日进行擦尘或清洗。
（2）每周要彻底除污。
（3）每三个月用家私蜡进行一次打蜡保养。

（二）地面石材

（1）每日进行正常的推尘除污。
（2）根据各区域人流量的不同，不定期进行晶面养护处理，保持石材的光洁明亮。

五、地毯

（1）每天对地毯进行吸尘、局部除污处理，针对不同性质的污渍，使用不同的清洁剂清洁。
（2）对使用率较高的地毯不定期进行干洗或水洗（只能清除表面污渍）。
（3）根据地毯的使用率定期使用三合一地毯抽洗机对地毯进行深度抽洗，清除地毯深层污垢。

六、洗衣房设备保养

（1）洗衣房洗涤设备的安装、调试及设备检修维护必须由专业人员完成。
（2）洗衣房内部应保持干净的工作环境，及时对洗衣房内部进行打扫。
（3）操作各设备的人员需是经过专业培训技术人员操作，防止其他人员的不正当操作造成的设备损坏。
（4）各设备的操作应该按照生产厂家提供的规范制度操作，禁止违规操作及设备超负荷运行。
（5）设备运行中出现任何异声、异响、异味等都应立即切断电源进行检修。
（6）洗涤设备的检修需由专业人员完成，禁止非专业人员打开设备外箱，对内部零件进行调整。
（7）在洗涤程序中，技术人员要严格把关，认真做好指挥工作。
（8）每日使用完后应对设备进行擦洗及维护，防止残留在洗涤设备的水渍、洗涤剂对设备造成的腐蚀。
（9）定期对各洗涤设备进行维护保养，各传动装置应每三个月注一次润滑油，每半年进行保养检修。

（10）设备部件损坏后应及时通知工程部与厂家进行联系，并尽可能在原厂家购买配件进行调换。

任务四　建立客房设备档案

一、客房装修资料

客房装修资料主要包括：
（1）客房装饰情况表。
（2）楼层设计图和照片资料。

二、客房历史档案

所有客房、公共区域都应设有历史档案（见图 10-1），包括家具什物、安装期或启用期、规格特征、历次维修记录等。

设备名称	序列号	购买价
制造商	购买日期	供货商
保修期	第一次故障发生日期	使用地点
保养及维修项目	日期	费用

图 10-1　客房部设备档案

三、电器设备档案

包括电器设备的购买日期、供应商、价格、规格特征、维修日期、维修费用、修理方法等内容。其作用在于说明设备的使用寿命,强调对设备保养的重要性,以拟定设备的更新方案。

四、工作计划表

客房部应编制工作计划表,具体安排客房设施设备的大修理和更新改造项目,房号和区域,以及日期等。

任务五　客房布件管理

一、布件的分类和质量要求

布件又称为布草、布巾或棉织品。在酒店的经营活动中,布件不仅是一种供客人使用的日常生活必需品,还被用于装饰环境与烘托气氛。

(一) 布件的一般分类

(1) 床上布件,如床单、枕套等。
(2) 卫生间布件,包括方巾、面巾、浴巾和地巾。它们基本上属毛圈织物,因此都可称为毛巾。
(3) 餐桌布件,如台布、餐巾等。
(4) 装饰布件,如窗帘、椅套等。

(二) 布件的质量和规格

1. 床上用品

(1) 纤维质量。
纤维长,纺织出来的纱比较均匀,强度较高,使用起来耐洗、耐磨。
(2) 纱的捻度。
纱纺得越紧,在使用中越不易起毛,强度也较好。
(3) 织物密度。

密度高且经纬分布均匀的织物较耐用。用作床单的织物密度一般为每 10 平方厘米 288 根经纱、244 根纬纱。

（4）断裂强度。

织物的密度越高，其强度越高。

（5）制作工艺。

卷边平齐，尺寸标准，此线平直、耐用。

（6）纤维质地。

常用的床上用品的质地有棉质、人造纤维以及棉与人造纤维混纺等。棉质织物柔软透气，吸水性强，使用舒适，但易皱且不耐用。人造纤维不具有棉质的优点，但具有耐磨、耐用、耐洗涤的特点。混纺吸取了棉质和人造纤维的优点，因此酒店客房大多使用混纺床上用品。

2. 毛巾

毛巾的质量要求主要是舒适、美观、耐用。

（1）毛圈数量和长度。

毛圈多且长，则柔软性好、吸水性强，但毛圈太长又容易被钩坏，一般毛圈长度在 3 毫米左右最佳。

（2）织物密度。

毛巾是由地经纱、毛经纱和纬纱组成。地经纱和纬纱交织称地布，毛经纱和纬纱交织称毛圈，故纬线越密则毛圈抽丝的可能性越小。

（3）原纱强度。

由于地巾要有足够的强度以经受拉扯变形，较好的毛巾的地经纱用的是合股纱线，毛经纱用的是双根无捻纱，从而提高了吸水性和耐用度。

（4）毛巾边。

毛巾边应牢固、平整，每根纬纱都必须能包住边部的经纱（地经纱和毛经纱），否则，边部容易磨损、起毛。

（5）缝制工艺。

折边、缝线，线距是否符合要求。

3. 餐厅布件、装饰布件

餐厅布件的质量和规格需根据餐厅的经营特色、规模来配备；装饰布件的种类繁多，与酒店整体装饰风格有关，故在此不做详细说明。

二、布件的消耗定额管理

客房布件的配备定额是布件管理工作中的重点。布件的消耗定额即布件的需要量，是根据酒店档次、客房数量来核定的。客房布件需要量常用"套"表示。一套是指单房配备数量，如一套包括 2 条床单、2 个被套、4 个枕套。

一般酒店每间客房拥有 4 套布件（一套使用、一套待洗、一套周转、一套仓库备用）。

定额方法如下：

(1) 根据酒店的档次、规格等条件,确定单房配备数量。
(2) 确定年度损耗率。

计算公式如下:

布件的消耗定额＝单房配备套数×客房数×年平均出租率×年度损耗率

布件的需要量＝单房配备套数×每套件数×客房数×年平均出租率×(1+年损耗率)

【例10-1】 年度损耗率计算:

某酒店客房布件的单房配备为3套,每套2条床单,如果其洗涤寿命为350次,则其年度损耗率是多少?

$$365÷3≈122(次/年)$$
$$350÷12≈2.9(套/年)$$

年度损耗率:

$$1÷2.9×100\%≈34.5\%$$

【例10-2】 消耗定额计算:

某酒店有客房400间,布件的单房配备为3套,每套2条床单。如果酒店年客房出租率为80%,床单的年度损耗率为30%,则该酒店的床单的消耗定额是多少?

床单配备:
$$400×80\%×3=960(套)$$

年损耗量:
$$960×30\%=288(套)$$

消耗定额:
$$960+288=1248(套)$$

需要床单:
$$1248×2=2496(条)$$

三、布件的存放、收发和盘存

(一) 布件存放要定点定量

布件是分散在各处的,为了使用和盘点方便,存放必须定点定量。在用布件除客房内的一套外,楼层布件房应存放多少,工作车上放置多少,中心布件房存放多少,各种布件分类摆放位置等都应有规定,使员工有章可循。

要保证布件存放空间的温度和湿度稳定,以及具有良好的通风条件。库房的温度以不超过20℃为佳;湿度不大于50%,最好在40%以下。要经常查库,远离火源,通风晾晒,并放入干燥剂和防虫剂,以免发霉,特别是在盛夏三伏天进入雨季时。布件要分类上架,布件房不应存放其他物品,特别是化学药剂、食品等。长期不用的布件应用布兜罩起来,防止积尘、变色。

(二) 正确使用布件

新布件应经洗涤去浆后再使用,这样有利于提高布件的强度,洗涤好的布件应搁置一段时间,使布件充分散热、透气后再使用。

应严格控制员工违规使用布件。员工对布件的违规使用会造成布件的严重损坏和浪费,比如用布件当抹布使用,使用"四巾"(方巾、面巾、地巾、浴巾)擦地,或私自使用客用毛巾,这样既造成了浪费,又违反了劳动纪律。

(三)要建立布件收发制度

1. 先洗先出

刚洗涤好的布件应搁置一段时间使其散热、透气后再使用,这样可以延长布件的使用寿命。布件的发放应遵循先洗先出,避免即洗即出。

2. 保证质量

在收发布件时,应将有破损的及洗涤不合格的布件挑出来,防止将这些布件用于客房。

3. 对等交换

对等交换就是用脏的布件换取相同规格、品种和数量的干净布件。通常由楼层服务员将脏的布件送至洗衣房,由洗衣房指定人员清点复核,在布件换洗单上签字,楼层服务员凭此单前往布件房领取干净布件。

(四)超额领用的解决办法

如果使用部门需要超额领用,应填写借物申请单,经有关人员批准方可。如果布件房发放时有短缺,也应开出欠单作为凭证。

(五)布件的盘存

1. 建立盘点制度

布件盘点一般分为每月盘点和每半年盘点。每月盘点由客房部独立完成,每半年盘点应由客房部和财务部协同完成。通过盘点,酒店可以了解布件的使用、消耗、库存情况,发现问题及时处理。

2. 建立布件报废和再利用制度

棉织品在采购入库并投入使用后,其质量保证一般由洗衣房来控制。洗衣房员工在洗涤中发现有严重污渍的床单后,需要对其进行单独去污处理,在折叠熨烫过程中发现有破损应抽出进行处理,对于破损、褪色严重或有无法清除的污渍,以及使用年限已满的布件应定期、分批报废。

布件的洗涤次数大约为床单、枕套130—150次;毛巾类100—110次;台布、口布120—130次。

布件报废应遵循有关规定执行,对于可再利用的布件,应考虑改制成其他用品继续使用。

任务六　客房日用品管理

一、客房日用品的选择原则

客房日用品的选择原则如下。

(一) 实用

应方便住店客人的使用。

(二) 美观

应具有观赏性,能够体现酒店的档次,要与客房的装饰水准相协调,美观大方,使客人产生舒适愉悦的感觉。

(三) 适度

质量及配备的数量应与客房的规格、档次相适应。

(四) 价格合理

在保证质量的前提下,尽可能控制好价格,以降低成本费用。

(五) 环保

注重环保,减少对环境的污染。

二、客房日用品的消耗定额管理

(一) 制定消耗定额

制定消耗定额是指以一定时期内,为保证客房经营活动正常进行而必须消耗的客房日用品的数量标准为基础,将客房日用品消耗数量定额落实到每个楼层所进行的计划管理中。

1. 一次性消耗品的消耗定额制定

一次性消耗品的消耗定额的制定方法是以单房配备为基础,确定每天需要量,然后根据预测的年平均出租率来制定年度消耗定额。其计算公式如下:

$$A = B \times X \times f \times 365$$

其中：

A 为单项日用品的年度消耗定额；

B 为每间客房每天配备数量；

X 为酒店客房总数；

f 为预测的年平均出租率。

2. 多次性消耗品的消耗定额制定

多次性消耗品的消耗定额的计算公式如下：

$$A = B \times X \times f \times (1+r)$$

其中：

A 为单项日用品的年度消耗定额；

B 为每间客房每天配备数量；

X 为酒店客房总数；

f 为预测的年平均出租率；

r 为日用品的损耗率。

【例 10-3】 采购量计算：

某酒店有客房 400 间，每间客房水杯配备 1.5 套，每套 4 只，预计客房平均出租率为 75%。在更新周期内，水杯的损耗率为 35%，则该酒店每年需要采购多少只水杯？

根据上述公式计算得：

水杯的年度消耗额 $=1.5 \times 400 \times 75\% \times (1+35\%) = 607.5$（套）

水杯年采购量 $=607.5 \times 4 = 2430$（只）

（二）消耗定额落实到楼层班组

1. 制定消耗定额是客房日用品管理的基础

客房日用品消耗是逐日、逐月在每个楼层的接待服务中实现的，因此，必须将各种日用品的消耗定额落实到每个楼层、每个班组。应在制定年度消耗定额的基础上，根据季节变化和业务量的变化，分解同楼层、班组的季节、月度消耗定额，并加强日常控制，这样才能真正把消耗定额管理落到实处。

2. 以消耗定额为基础，决定楼层、库房等各处的配备或储存标准

（1）一般说来，楼层工作车上的配备额以一个班次的耗用量为基准。

（2）楼层小库房通常备有楼层一周的使用量，具体品种、数量应用卡条列明，并贴在库房内，以供领用和盘点时对照。

（3）客房部中心库房的日用品储存量，通常以一个月的消耗量为标准。

【例 10-4】 消耗定额计算：

某酒店有客房 300 间，年平均出租率为 80%，牙刷、圆珠笔的单间客房每天配备额为 2 支、1 支，则该酒店牙刷、圆珠笔的年度消耗定额是多少？

牙刷的年度消耗定额 $= 2 \times 300 \times 80\% \times 365 = 175200$（支）

圆珠笔的年度消耗定额 $= 1 \times 300 \times 80\% \times 365 = 87600$（支）

三、客房日用品的发放和控制

（一）客房日用品的发放

（1）客房部中心库房日用品的发放员或客房服务中心负责各楼层的客房日用品的发放工作。楼层服务员应将本楼层库房的消耗及现存情况统计出来，按楼层小库房的规定配备标准填好客房日用品申领单（见表10-1），报领班审批，凭申领单到中心库房领取，或由中心库房物品发放员送到各楼层，请领班验收。

表10-1 客房日用品申领单

楼层：　　　　　　　　　　　　　　　　　　　　　　　　　日期：

品名	申领数	实发数	品名	申领数	实发数
普通信笺			大香皂		
航空信笺			小香皂		
普通信封					
明信片					
便笺			火柴		
客人意见书					
住客预订表			下列为服务员用的清洁用品		
小酒吧账簿卡			拖把		
圆珠笔			抹布		
服务指南			空气净化器		
菜单			杀虫剂		
房内用膳菜单					
干洗单					
湿洗单					
洗衣袋					
卫生袋					
垃圾袋					
门把					
浴帽					
沐浴液					

（2）库房要定期对日用品进行盘存，随时掌握库存变化和异常情况。表10-2为客房日用品存货清单，表10-3为仓库客用消耗品盘存记录。

表10-2　客房日用品存货清单

楼层：　　　　　　　　　　　　　　　　　　　　　　　日期：

品名	定量	使用中	备注	库存	破损	丢失	备注
鞋拔							
烟缸							
文件夹							
浴室垃圾桶							
卫生纸盒							
废纸篓							
备忘录							
衣架							
刷子							
便笺							
橡皮垫							
电话指南							
衣帽钩							
热水瓶							
枕头							
枕套							
浴巾							
毛巾							
毛毯							
床罩							
床单							
拖鞋							
电视机							

表10-3　仓库客用消耗品盘存记录

月份：

序号	品类	单位	上月结存	本月进货	本月发出	结存	备注
1	火柴	盒					
2	衣架	个					
3	拖鞋	双					
4	圆珠笔	支					
5	针线包	个					
6	香皂	块					

续表

序号	品类	单位	上月结存	本月进货	本月发出	结存	备注
7	浴帽	个					
8	信纸	张					
9	传真发文单	张					
10	信封	个					
11	卫生纸	卷					
12	刷子	把					
13	女宾清洁袋	只					
14	明信片	张					
15	文件夹	个					
16	洗发水	瓶					
17	擦鞋纸	张					
18	客人意见书	页					

（3）中心库房根据客房日用品的消耗、发放情况和仓库最高库存量，定期填写日用品的申购单，经主管或经理批准，交采购部门办理，从采购部门领取物品。

（二）客房日用品的使用控制

（1）制定客房日用品的消耗标准。

（2）每日统计，定期分析。

（3）做好员工的思想工作。

（4）建立管理制度。

①楼层员工上班不能带私人用包，控制其他部门人员随意前往各楼层。

②员工上下班必须走员工通道，并主动接受值班保安人员的检查。

③定期公布各楼层的客房日用品耗用量，实行奖惩制度。

④建立严格的赔偿制度。

⑤建立月末盘点制度。

1. 客房设备用品管理的任务和意义是什么？
2. 如何理解客房用品消耗定额管理？

一、实训要求

熟悉客房主要设备用品消耗定额的计算方法。

二、实训项目

客房设备用品的消耗定额

任务实施:

测算客房设备用品的消耗定额。问题如下:某酒店客房530间,被套的单房配备为4套,每套2个。如果酒店年客房出租率为85%,被套的洗涤寿命为360次,则该酒店被套的需要量是多少?

星级酒店取消"八小件"不易 客人反应强烈

2010年3月12日,广东省旅游局决定从4月1日起在全省星级酒店逐步取消"八小件"(包括牙膏、牙刷、拖鞋、梳子、洗发水、沐浴露、肥皂、浴帽等),并设定半年过渡期。但是,从各方面反馈和了解的情况看,目前真正执行文件精神从客房里撤下"八小件"的星级酒店并不多。

距离广东省旅游局下发的《关于我省星级酒店逐步取消一次性日用品的通知》设定的取消星级酒店"八小件"的过渡期过去近2个月后,深圳星级酒店中不折不扣执行此要求,把"八小件"从客房撤出者却是少之又少。而不折不扣执行此要求,取消了"八小件"的酒店则遭遇住客的强烈反对,最终也没能不折不扣地执行。

无独有偶,2019年7月1日,《上海市生活垃圾管理条例》要求自7月1日起,餐旅馆不能主动提供一次性餐具和生活用品;要求酒店不主动提供"六小件",消费者不能要求降价;旅馆经营单位主动向消费者提供客房一次性日用品的,由文化和旅游主管部门责令限期改正;逾期不改正的,处500元以上5000元以下罚款。但事实显示,只要客人向酒店索要"六小件",酒店都会满足客人需求。

2020年12月31日,厦门市文化和旅游局正式发出通知要求星级酒店不主动提供客房一次性用品。实施半年后,笔者发现厦门的大部分酒店仍旧在客房内提供一次性用品。

(资料来源:《深圳特区报》,2010年11月26日,略有改动。)

思考讨论:

1. 深圳、上海、厦门等城市出台不主动向客人提供一次性用品的出发点是什么?
2. 这些政策最终没能顺利实行的原因有哪些?
3. 你可以针对此现象提出更佳的解决方案吗?

案例评析:

厉行节约、杜绝浪费是一种良好的社会风尚,绿色消费、减少污染是一项重要的企业公民责任,不管是酒店还是消费者,都应大力倡导绿色消费、低碳消费,支持国家环保事业。现阶段,政府部门应立足于培养市民和游客的绿色消费意识,倾向于以奖代罚,即对节能减排、生态环保事业做出贡献的企业实行政策倾斜或者资金奖励。

一些客人主张,客房"八小件"不要全撤,而是部分撤。比如,牙膏、牙刷、梳子客人带着方便,又能反复使用,可以撤;洗发水、沐浴露带上飞机不方便,适宜做成可以按压的大支装,放在卫生间内供反复使用,不会造成太多浪费;拖鞋和肥皂则建议保留,但拖鞋可以不使用一次性用品,而使用胶鞋。一些客人认为,撤掉部分才是迈向今后全撤的过渡期,具有可操作性,并能为多数消费者所接受。

项目十一
客房部安全管理

 项目目标

知识目标
1. 了解客房发生火灾的原因。
2. 熟悉客房火灾的预防措施。
3. 熟悉盗窃事故的预防措施。
4. 熟悉客房部员工职业安全规范。

能力目标
1. 掌握火灾的应急处理程序。
2. 掌握客人报失的处理程序。
3. 掌握客人意外受伤的处理程序。
4. 掌握醉酒客人的应对方法。
5. 掌握客房职业安全管理的方法。

素质目标
1. 具备较强的安全意识和责任意识。
2. 具备良好的服务意识。
3. 具备良好的团队合作意识。

 思维导图

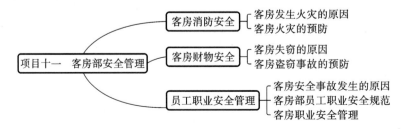

酒店服务的基本宗旨是为客人提供一个安全、舒适、温馨、方便的"家外之家",而这些都是以安全为前提的。客房安全不仅包括客房范围内客人的人身、财产安全,也包括客人的心理安全以及员工和酒店的安全。

任务一 客房消防安全

一、客房发生火灾的原因

火灾是酒店的头号安全问题。由于客房通常位于酒店的较高楼层,人口较为密集,一旦发生火灾,后果不堪设想。火灾不仅直接威胁酒店客人和员工的人身安全,也会影响酒店的声誉。因此,酒店必须建立一套完整的预防措施和处理程序。酒店客房发生火灾的原因较多,归纳起来主要有以下几点。

(一)吸烟不慎引起

酒店火灾很多是由于吸烟引起的。主要有两种情形:一是客人卧床吸烟,睡着时没有及时熄灭烟头而引起火灾;二是客人乱扔烟头,未熄灭的烟头点燃可燃物引起火灾。

(二)电器或电线故障

酒店电路复杂,电器繁多,用电负荷大,如果出现线路安装不规范、电线老化、电器故障等情况,就容易引起火灾。

(三)客房易燃材料多

酒店客房有大量的木家具、棉织品、地毯等易燃材料,加上大量的装饰材料,一旦发生火灾,会加速火势蔓延,造成巨大损失。

(四)其他原因

例如,客人将各种易燃易爆物品带进客房所引起的火灾。

二、客房火灾的预防

"预防为主"是安全管理最基本的原则。客房部应根据本部门的具体特点,制定相应的火灾预防措施。

（一）配备完善的消防设施设备与器材

在酒店设计修建时，应选用适当的建筑材料，安装必要的消防设施设备，并按国家规定，建立自身的消防系统。常见的消防系统由火灾报警器、灭火器材、消防设施设备等组成。客房区域通常配备如下消防设施设备和器材。

1. 火灾报警器

火灾报警器主要包括手动报警器（见图11-1）、烟感报警器（见图11-2）、温感报警器（见图11-3）。

图11-1　手动报警器　　　图11-2　烟感报警器　　　图11-3　温感报警器

2. 灭火器材

酒店中常用的灭火器材主要包括喷淋装置（见图11-4）、消防栓（见图11-5）和灭火器（见图11-6）等。

图11-4　喷淋装置　　　图11-5　消防栓　　　图11-6　灭火器

3. 配置完整的消防设施设备

客房内应配置完整的消防设施设备，地毯、家具、墙面、窗帘、房门等应尽可能选择有阻燃性能的材料来制作；安全通道保持畅通无阻，不允许堆放杂物；楼道内及客房里应有安全标志（见图11-7）和疏散示意图（见图11-8）。

（二）向住客提供完备的防火资料，加强防火宣传

例如，在床头柜醒目位置摆放"请勿在床上吸烟"的中英文提示牌，在客房门背后张贴安全逃生图等。

图 11-7　安全标志

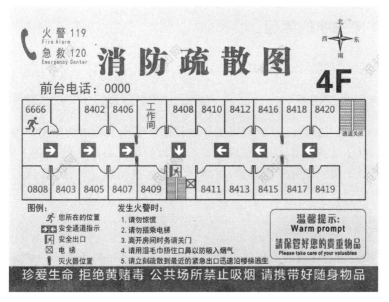

图 11-8　疏散示意图

（三）培养员工的防火意识

酒店应对新员工进行消防安全培训，增强员工的防火意识，教会他们如何发现和消灭火灾隐患，如何使用消防设备，以及一旦发生火灾时，如何疏散住客，进行互救与自救。

（四）加强日常管理

例如，制定并完善消防安全制度，防火岗位责任制度；定期检查消防设施的完好情况，报警器和消防器材等如已失效，应及时更换等。

（五）在客房服务工作中，注意及时发现各种火灾隐患

例如，在进行日常清扫时，把烟缸内没有熄灭的烟蒂用水浸湿后再倒入垃圾桶中；及时清理楼层、房间的易燃易爆物品；定期检查房内电器是否处于正常使用范围等。

任务二　客房财物安全

客人和酒店的财物安全是客房安全管理工作的又一重要内容。酒店失窃，不仅会给客房的正常运行带来不便，还会给客人和酒店造成经济损失，还会影响酒店声誉。因此，客房部应采取有效措施，防止盗窃事故的发生。

一、客房失窃的原因

客房失窃的原因很多，按作案人员分类，主要有以下三种。

（一）内部员工盗窃

内部员工盗窃是指酒店员工利用工作之便盗取客人及酒店的财物。内部员工对酒店情况了解，且不易被发觉，因此盗窃就显得轻而易举。心理学的研究指出，人有从众行为，当一名员工被发现有盗窃行为，而酒店不及时进行阻止的话，其他员工可能会效仿，从而扩大盗窃队伍，造成更大的损失。

（二）客人实施盗窃

客人实施盗窃指住店客人中的不良分子有目的或者是顺手牵羊的偷盗行为。

（三）外来人员进入客房进行盗窃

外来人员进入客房进行盗窃即社会上的一些不法分子混进客房进行偷盗的行为。这些人常常是装扮成客人或者访客来蒙骗酒店，盗取客人或酒店的财物。

二、客房盗窃事故的预防

为有效防止盗窃事件的发生,酒店应采取各种预防措施。

（一）配备必要的设施设备

为有效防止盗窃事件的发生,酒店应配备必要的防盗设施设备,如闭路电视监控系统、电子门锁系统、防盗锁、窥视镜、保险箱等。防盗设备是客人安全感的物质载体,也是酒店安全管理工作的重要基石。

（二）加强员工的管理

客房部员工在对客服务中,有很多机会接触酒店和客人的财物。为防止内部盗窃事件的发生,客房部管理者应加强对员工的管理。

1. 选择诚实的员工

酒店招聘客房部员工时,应进行严格的人事审查,特别关注应聘人员的诚实度,防止一些不法分子混入酒店员工队伍。

2. 加强对员工的安全培训教育

酒店管理人员除应加强对员工职业道德培训外,还应积极开展反偷盗知识培训和对偷盗者的教育培训。

3. 制定并严格执行钥匙使用制度

客房服务员、工程部维修工、餐饮部送餐员出入客房领用工作钥匙,必须登记签名,使用完毕后应及时交回客房服务中心。

4. 严格员工进入客房的规定

客房服务员上班时必须穿本工种的制服,佩戴自己的工作牌,下班后不得在客房区域逗留。

5. 建立完善的失窃记录

客房部应建立客人和酒店的失窃档案,即对客人和酒店的失窃情况做详细记录,包括失窃的物品种类、件数、价值及所涉及的员工等具体情况,并将其存档。这些材料有助于酒店发现管理上的漏洞,查找出物品失窃的原因。

（三）加强对客人的管理

客房部应加强对客人的管理,防止因不良客人引起的失窃,主要包括两个方面:一是保障客人财物安全,二是保障酒店财物安全。

1. 保障客人财物安全

保障客人财物安全的措施如表 11-1 所示。

表 11-1　保障客人财物安全的措施

序号	措　　施	具　体　规　定
1	制定"客人须知"	明确告诉客人应尽的义务和注意事项，提醒客人不要随意将自己的房号告诉其他客人或任何陌生人
2	健全访客管理制度	明确规定接待访客的程序以及访客的离店时间，严格控制无关人员进入楼层，如发现可疑人员进入，应礼貌询问，必要时应及时通知保安部处理
3	验证再开门	严格按规定为客人开门，切实做好验证工作
4	加强巡逻	一旦发现有可疑或异常情况要及时处理： (1) 注意观察客房的门是否关上及锁好。如果发现客房门虚掩，可以敲门询问。客人不在房间时，可直接进入客房检查有无异常情况；如客人在房内，则提醒其将房门关好。 (2) 如发现醉酒或神智异常的客人，要特别留意，避免其损坏客房内的物品或不法分子趁机进入客房盗窃

2. 保障酒店财物安全

　　酒店客房内有些物品，如浴巾、烟缸、杯具等具有使用价值或纪念价值，有时会引起客人的兴趣，被有意或无意带走。为了防止酒店的损失，酒店可以在客房用品上印上酒店的标志，使客人打消带走的念头；或在"酒店服务指南"或"客人须知"中告知客人，可提供酒店纪念品的销售服务。房内一些贵重物品，也可以直接标明价格，如有客人需要，视情况出售。客人退房时，客房服务员还应做好日常的检查工作，严格管理制度，杜绝不良客人的企图。

任务三　员工职业安全管理

　　员工的职业安全也是客房安全管理的一项重要内容。客房部员工在日常工作中需要大量接触到清洁设备、化学清洁剂等可能造成安全问题的设备、用品，如有疏忽或者是操作不当，就可能给员工自身的安全造成一定的威胁，同时给酒店带来经济损失。因此，酒店客房部必须加强员工职业安全管理，杜绝安全事故的发生。

一、客房安全事故发生的原因

(一) 员工操作不规范

　　客房服务员没有按照操作规程进行操作，如在清理垃圾时，没有戴手套或将手直接伸入垃圾桶,被尖利物品划伤手。

(二)设施设备维护不当

客房部没有严格按规定维修保养设施设备,或是超过保修期没有及时更新,导致设施设备在使用中出现问题,发生员工受伤的事故等。

二、客房部员工职业安全规范

(一)清洁剂的安全操作规范

客房服务员在使用清洁剂时,若方法不当,除了会造成浪费,还可能造成清洁对象甚至清洁人员的损伤。不仅如此,多数清洁剂属易燃易爆品,容易引发火灾和爆炸事故,因此,清洁剂的安全操作非常重要。

(1) 所有清洁剂容器上要有标签,危险的化学物品要标示醒目字眼,如"易燃""腐蚀""危险"等。

(2) 各种清洁剂都应有固定的摆放位置,并由专人负责。

(3) 客房服务员应掌握清洁剂的操作方法及注意事项。

(4) 客房服务员在使用清洁剂的过程中应加强防护,配备相应的防护设备,如橡胶手套,以免化学剂腐蚀皮肤。

(二)清洁设备的安全操作规范

(1) 在使用清洁设备前,应检查其安装是否符合规定,各类配件是否齐全,电源线是否安全可靠、各接口处是否完好。如有损坏,客房服务员不能自行维修,应向客房部有关主管或工程部报修。

(2) 接通电源后,打开开关并试机,听机器运转的声音,是否有异常。

(3) 在使用的过程中,不准强力拉、拽、踢、打,应注意"三轻"(说话轻、走路轻、操作轻)。严格遵守清洁设备的操作使用规定。

(4) 使用完毕后,应对机器的内外进行清洁。确保机器处在干燥洁净的环境中。

(5) 根据机器的使用状况,定期送到工程部检修。

(三)清洁作业的安全规范

1. 清洁作业时,造成事故的主要原因

(1) 进入黑暗房间未先开灯。

(2) 直接将双手伸进垃圾袋里去翻检东西。

(3) 清洁卫生时没有注意刮须的刀片。

(4) 挂浴帘时直接站在浴缸的边缘上或其他不安全部位。

(5) 搬动家具时不小心被尖物刺伤。

（6）没有留意地面上的玻璃碎片。
（7）电器的电源线没有靠墙角放置，人被绊倒。
（8）手未擦干直接去开开关或其他电器。
（9）开关门时，不是握住门把而是扶着门的边缘拉门。
（10）使用清洁剂时，图省事、方便，不戴橡胶手套，不使用相应的防护工具，因而造成人体肌肤的损伤。

2. 安全操作注意事项

客房服务员在进行清洁卫生工作时，应注意下列安全事项。

（1）工作时，按规程操作，一旦发现不安全因素，如照明不良、电线漏电等，应立即向上级报告。

（2）在计划卫生中，有不少是需要高空作业的项目，如擦拭玻璃窗、打扫天花板等。一旦进行高空作业，上班前6小时，不准饮酒或吃易引起瞌睡的药物；上岗前，应检查保险带的扣栓是否完好，绳索是否牢固，按规定系好保险带，拴好固定受力点（窗框），并用力拉试；在岗时，尽可能保证两人一起工作，但不准打闹、嬉戏。

（3）如工作时地面湿滑或有油污，应立即擦干，以防滑倒。

（4）不要使用已损坏的工具，也不可擅自修理，避免发生危险。

（5）走廊或公共场所放置的工作车、吸尘器、洗地毯机等应放置在走道旁边，注意电线是否绊脚。

（6）家具或地面如有尖钉、硬物，须马上拔去或除掉，以防刺伤客人或员工。

（7）如发现玻璃窗或镜子碎裂，必须马上向上级报告，并通知工程部立即更换；不能立即更换的要用强力胶纸贴上，防止划伤客人和员工。

（8）客房服务员的制服裤不宜太长，以免绊脚。

（9）不可赤手伸进垃圾桶，必须戴手套，并小心操作，以防被玻璃碎片、刀片等划伤。

三、客房职业安全管理

（一）制定安全操作规程

客房部要根据客房工作的内容和特点，制定一套安全操作规程，对服务员在工作中的操作程序及方法进行规定。

（二）对服务员进行职业安全培训

职业安全培训可以增强服务员的劳动保护意识，使他们养成安全规范操作的良好习惯，掌握安全规范操作的技能。

（三）加强检查监督

客房部要加强检查，消除可能导致操作事故的隐患，并对服务员进行监督与指导，确保服务员的安全操作。

（四）配备劳保用品

根据服务员的岗位职责和工作任务，配备必要的劳保用品，如工作服、手套、防滑鞋、口罩等，以降低安全事故的发生概率。

1. 客房发生火灾的原因主要有哪些？
2. 如何预防客房火灾的发生？
3. 如何防止客房内盗窃事件的发生？

一、实训要求

1. 掌握火灾应急处理的方法与程序。
2. 掌握客人报失的处理方法与程序。
3. 掌握客人意外受伤的处理方法与程序。
4. 掌握醉酒客人的应对方法与程序。

二、实训项目

1. 火灾应急处理

任务实施：

（1）将学生分组，7—8人为一组，模拟从发现客房火灾到疏散客人的整个过程。

（2）模拟完成后，小组间进行互评，提出需要改进之处。最后，指导教师点评，总结任务要点。

任务道具：

电话、灭火器、毛巾。

程序与标准：

火灾应急处理的程序与标准如表11-2所示。

表11-2　火灾应急处理的程序与标准

序号	程　　序	标　　准
1	发出警报	（1）一旦发现火情，应立即使用最近的报警装置，发出警报，如立即打破手动报警器玻璃片。 （2）发现火源时，用电话通知消控中心，讲清着火地点和燃烧物质
2	控制火势	（1）关闭所有电器开关，关闭通风、排风设备。 （2）若火势较小，则迅速使用附近合适的消防器材控制火势，并尽力将其扑灭。 （3）如何使用灭火器：拔下安全插销，喷嘴对准火源根部，用力压下握把。 （4）如果火势已不能控制，则应立即离开火场。离开时应沿路关闭所有门窗。在安全区域内等候消防人员到场，并为他们提供必要的帮助

续表

序号	程序	标准
3	疏散客人	（1）当接到疏散信号时，表明酒店某处已发生火灾，应要求客人和全体员工立即通过紧急出口撤离到指定地点。 （2）当接到疏散信号或者火势蔓延到客房，危及客人时，应迅速打开紧急出口，听清紧急广播的火灾确切地点、确定安全的疏散方向，有组织、有计划、有步骤地疏散客人。在逃离现场时，让客人使用湿毛巾捂住口鼻，尽量弯腰，迅速从最近的通道离开。 （3）组织客人疏散时，提醒客人一定不能使用电梯。一般应先将事先准备好的"请勿乘电梯"的牌子摆放在电梯前。 （4）帮助老弱病残、行动不便的客人离房。楼层主管要逐间检查客房，确认房内无人时，要把房间的所有门窗都关上，并在房门上做好记号。 （5）各楼梯口、路口都要有人把守，以便为客人引路
4	清点人数	（1）当所有客人撤离至指定的地点后，客房部员工应与前厅部员工一起清点人数。 （2）如有下落不明或还未撤离的人员，应立即通知消防人员

2. 客人报失的处理

任务实施：

（1）将学生分组，每2人一组，模拟客人物品丢失，服务员帮助处理的过程。

（2）完成一轮实训后，学生双方互换角色，再进行一次实训，然后各自谈谈感受，指出实训中存在的不足。最后，指导教师点评，总结任务要点。

任务道具：

电话、工作日志、笔。

程序与标准：

客人报失的处理程序与标准如表11-3所示。

表11-3 客人报失的处理程序与标准

序号	程序	标准
1	了解情况，安慰客人	（1）接到客人报失后，应认真听取并详细了解事件发生的过程，并将其记录下来，如失主的姓名、年龄、性别、国籍、房号、身份、抵店时间、报案时间、同行人数、失物的外观及辨认特征、失物的价值等。 （2）及时安慰客人，向客人表示同情
2	报告领导及保安部	了解了情况后，应立即向领导报告，由客房部经理、大堂副理以及保安部共同处理
3	保护好现场	保护好现场，保留各项证物

续表

序号	程　序	标　准
4	帮助客人回忆	请客人仔细回忆物品丢失前最后一次见到它的时间、地点,发现丢失的时间,以及此段时间客人去过哪些地方,在房间内接待过哪些朋友和访客,物品曾经存放的地方等
5	帮助客人查找	(1) 在征得客人同意后,会同保安部共同在房间内进行一次彻底查找,并让客人一起查看。 (2) 服务员个人不可擅自进房查找,以免发生不可想象的后果。 (3) 在房间查找时应着重寻找一些异常迹象,如客房门锁、房内抽屉及行李箱是否有被破坏的痕迹;除失物以外,房间内还有何种贵重物品存在。 (4) 若报失物品被找出,不要指责埋怨客人,将此事报告相关领导,并做好记录
6	报警	(1) 了解情况后,未找到失物,不要表态,不要给出任何猜测性的结论。 (2) 先安慰客人,并征询客人意见是否需要向公安局报案。如客人要求报案,应立即为客人提供方便,请示上级配合客人到公安局(或打电话)报案。 (3) 酒店应视情况协助客人进行调查处理。例如,保安部调出监控系统的录像带,查看出入此客房的人,便于进一步调查等
7	资料存档	做好盗窃事件的案发、调查过程和破案结果等材料的整理及存档工作

3. 客人意外受伤的处理

任务实施：

(1) 将学生分组,每2人一组,模拟客人受伤处理的流程。

(2) 完成一轮实训后,学生双方互换角色,再进行一次实训,然后各自谈谈感受,指出实训中存在的不足。最后,指导教师点评,总结任务要点。

任务道具：

电话、工作日志、笔。

程序与标准：

客人意外受伤的处理程序与标准如表11-4所示。

表11-4　客人意外受伤的处理程序与标准

序号	程　序	标　准
1	赶赴现场, 安慰客人	事故发生后,客房部管理者应立即赶到现场安慰客人,稳定伤(患)者的情绪,同时打电话至酒店的医务室,请医生前来处理
2	救护行动	(1) 在医护人员赶到之前,服务员也可以进行简单的临时性应急处理,如果伤口出血,应用止血带进行止血或用手按住出血位置;如果客人是轻度烫伤,可先用大量清水进行冲洗等。 (2) 如果客人受伤严重,则应及时联系医院,送往医院治疗

续表

序号	程　序	标　准
3	调查事故	(1) 对事故发生的原因进行调查,以吸取教训,防止此类事件再次发生。 (2) 如果事故的责任在酒店方,还应向客人道歉,并承担相应的赔偿
4	跟踪服务	(1) 管理者还应根据客人的伤势,选择恰当的时机到医院探望客人,向客人表示慰问,必要时还应安排送餐服务。 (2) 询问客人是否有必要通知其家属
5	记录存档	写出客人意外事故的报告,将事件发生的时间、地点、受伤人员情况、证人等详细记录并存档

4. 醉酒客人的应对

任务实施：

(1) 将学生分组,每 2 人一组,模拟客人醉酒的处理流程。

(2) 完成一轮实训后,学生双方互换角色,再进行一次实训,然后各自谈谈感受,指出实训中存在的不足。最后,指导教师点评,总结任务要点。

任务道具：

电话、工作日志、笔。

程序与标准：

醉酒客人的应对程序与标准如表 11-5 所示。

表 11-5　醉酒客人的应对程序与标准

序号	程　序	标　准
1	协助送客人回房休息	(1) 若客人醉酒程度较轻,可视情况婉言劝导客人回房休息。 (2) 若客人醉酒较严重,处于失控状态,服务员应协助保安送客人回房,切忌单独进房为客人提供服务
2	必要的照顾	将垃圾桶放于床头边,备好毛巾、茶水等物品
3	密切关注	(1) 密切注意醉酒客人房间的动静,防止客人在失去理智时破坏房间设备或因吸烟而引起火灾。若发现客人仍有破坏行为,应立即报告值班经理处理。 (2) 若客人有亲友同行,可交由其亲友看管;若客人无亲友同行,服务员应每隔一小时进房查看一次,每次进房做好记录工作。 (3) 发现客人非正常睡眠或昏迷、休克,应立即报告值班经理处理

案例分析

客房内的盗窃事件

客房服务员 Rose 一边收拾着 811 房的垃圾,一边发着牢骚："有没有搞错啊！这么脏,垃圾都要收拾 10 分钟。"

这时,门口突然有一名男子对着房间里面非常有礼貌地说:"小姐,你好,我是813房的客人,可不可以麻烦你先帮我清理一下房间,因为我马上有朋友要过来。"说着便向Rose递过去10元小费。Rose很有礼貌地答应了客人:"先生,请您稍等一下,我马上就过去。"

说完后,Rose便放下手中的垃圾,高兴地推着车来到813房门口并开始打扫房间。

房间比较干净,很快Rose就将房间打扫好了。正准备进浴室时,刚才的那位先生回到了房间,Rose急忙向客人打招呼,并告诉客人:"先生,麻烦您再等10分钟,浴室就打扫好了。"

这名男子说:"你们酒店的硬件真是不错,服务又好,我一定多介绍一些朋友来这里住。"这名男子和Rose聊起天来,"浴室换一下毛巾就可以了,我自己住不需要天天打扫"。

Rose心想:"唉!如果每个客人都是这样,我们一定会轻松很多。"很快,Rose更换完毛巾就离开了813房……

20分钟后,这名男子离开了813房。

晚上8点,813房的客人打电话到大堂副理那里,说:"我房间丢了两万现金,还有我的首饰……"

经查,那名男子是一名小偷,已经注意813房客人很久了,计划好后就开始了他的盗窃行动。

思考讨论:

1. 这个案例中什么环节出现了差错?
2. 大堂副理应如何处理客人的报失?
3. 如何避免这类事件的发生?

案例评析:

(1) 此案例中,服务员Rose把此名男子误以为是813房的客人,没有按照开门程序进行操作,导致客人的财物失窃。

(2) 大堂副理受理客人报失的处理程序如下:①了解情况,安慰客人;②报告领导及保安部;③保护好现场,保留各项证物;④帮助客人回忆,物品丢失前最后一次见到它的情况;⑤帮助客人查找;⑥向当班服务员了解情况;⑦报警;⑧资料存档。

(3) 为避免此类事件的发生,服务员应严格按规定为客人开门,先请客人出示房卡,并做好验证工作,凭房卡为客人开门。绝不能随便为"客人"开门。

项目十二
客房部人力资源管理

项目目标

知识目标
1. 了解客房部编制定员和劳动定额的方法。
2. 掌握客房部员工招聘与培训方法。
3. 熟悉客房部员工考核与工作评估的方法。
4. 掌握员工激励方法。

能力目标
1. 能够根据客房部劳动定额进行定员管理和工作量预测。
2. 能够独立完成客房部员工的招聘工作。
3. 能够编制客房部员工培训计划,并掌握其中2—3项培训内容。
4. 会用基本的工作评估方法进行考评工作。

素质目标
1. 具备管理人员的公平、公正意识和感召力。
2. 培养爱岗敬业的精神。

思维导图

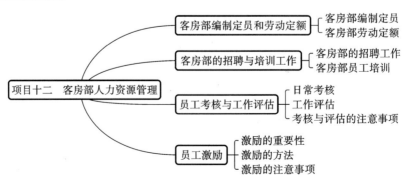

客房部人力资源管理就是运用科学的方法,合理选用和培训员工,不断提高员工素质,有效地利用员工的聪明才智,从而不断提高客房部的劳动效率。它不仅影响客房部的有效运转,更关系到客房部员工的成长和酒店的发展。

任务一 客房部编制定员和劳动定额

一、客房部编制定员

酒店的编制定员,就是酒店根据实际情况和发展目标,采取科学的程序和方法,合理地确定组织结构和岗位设置,并对各部门、各类人员进行合理配备。它所要解决的是酒店各工作岗位配备什么样的人员,以及配备多少人员的问题,通过对酒店用人方面的数量规定,保障酒店有效运转,促进机构精干高效,提高劳动生产效率。其中,"编制"的概念,主要指机构、部门人员搭配设置的规定;"定员"则更侧重从岗位的角度确定配备人员的数量。因为酒店部门的定编和定员是彼此密不可分的两项人力资源规划工作,所以这两个概念是统一、不可分割的。

客房部是一个劳动密集、工种岗位多、工作环节多、分工细的部门。从工作角度看,客房部的业务运转,服务和管理工作的有效组织是酒店正常经营活动的重要保障;从人员来看,客房部是酒店各部门中员工数量较多的部门。因此,对客房部来说,编制定员工作意义重大。

要保证编制定员工作行之有效,必须注意定员标准的先进性和合理性。所谓先进性,就是定员标准必须符合精简、高效、节约的原则。所谓合理性,即定员标准必须保障客房部业务的正常运转,保障员工身心健康,并保持各类人员的合理比例和劳动定额的合理标准,避免劳逸不均,窝工浪费等现象。

(一)编制定员应该考虑的因素

影响酒店客房部的具体编制定员工作的因素如下。

1. 服务模式和管理层次

客房服务一般有两种模式,即楼层服务台和客房服务中心。不同的服务模式在用人数量上有很大的差异。各酒店要根据自身的条件和特点来做出选择。

客房部的管理层次与酒店的规模,以及客房部管辖的范围有关。规模大、范围广、分工细的酒店通常会设置经理、主管、领班和服务员四个层次,星级越高、规模越大的酒店,层次越多。小型酒店通常将主管和领班并为一个层次,不设经理副职,对服务员也不做工种的细分,而是只划分班次和区域,在人员的配备上比档次高、规模大的酒店少。

2. 工作量的预测

酒店客房部工作量一般分为三个部分：一是固定工作量，即只要决定开业就会有，而且必须按时去完成的日常例行事务，如客房部管辖范围内的计划卫生、定期保养工作，公共区域的日常清洁保养，保证内部正常运转所需要的岗位值勤等；二是变动工作量，即随着酒店经营业务量等因素的改变而变化的工作量，主要表现在随客房出租率的变化而改变的那部分工作量；三是间断性工作量，通常是指那些不需要每天进行操作，或者不是24小时都需要连续操作，但又必须定期进行的工作量，如地毯的清洗、玻璃的擦拭等。

3. 员工可能达到的素质水平

工作效率的科学制定与员工的素质有很大关系。酒店招收员工的年龄、性别、性格、文化程度、专业训练水平的差异，都将影响工作量的测定。了解和预测客房部员工未来可能达到的整体水平，是制定工作量的重要标准。

4. 器具的配备

现代化的工作器具既是文明操作的标志，又是质量和效率的保证。也就是说，劳动手段越是现代化，劳动力数量就越少；反之，就只能靠增加一定数量的劳动力来弥补。

5. 其他因素

除了以上因素，还应该考虑劳动力市场的供求状况等客观情况。如果劳动力供给状况良好，那么在制定编制时，不妨稍紧一些，以免造成人力资源的浪费以及在开房率较低时造成窝工而影响工作气氛。例如，在旺季时，可以招聘一些季节性的临时工来缓解用工紧缺；如果劳动力供给状况不佳，则要将编制做得充分些，以免影响正常的接待服务工作，造成服务质量下降。另外，为了提高工作效率，降低人工费用，酒店客房部可考虑取消中班卫生班次。客房部中班卫生班的工作主要是为客人开夜床，做客房小整理。在设有楼层服务台的酒店，可由值台服务员代替中班卫生班负责这项工作；在设有客房服务中心的酒店，则可由服务中心专职服务员为客人提供这项服务。

（二）客房部编制定员的方法

客房部在一定时期内需要配置的劳动力资源总数，取决于生产、服务、管理等方面的工作量与各类人员的劳动效率。由于客房部人员和工作性质的差异性，管理者无法用统一的计量单位综合反映他们的工作量和劳动效率。因此，客房部必须根据不同的工作性质，采用不同的计算方法，分别确定各类人员。客房部编制定员不科学，势必导致两个结果：一是机构臃肿，人浮于事，工作效率低，人力资源成本增大；二是职能空缺，员工工作超负荷，工作压力过大，积极性下降，服务质量下降。客房部编制定员的常用方法有以下几种。

1. 历史分析法

历史分析法是指管理者通过考察部门历史在位人员数量、质量、业务量、工作量等数据的关系，同时，根据以往经验进行分析来确定编制定员的方法。

2. 现场观察法

现场观察法也称实况分析法，即借助实地访谈、跟踪，通过现场观察、写实分析来确定部门编制定员的方法。

3. 劳动效率定员法

劳动效率定员法是一种根据工作量、劳动效率、出勤率来计算定员的方法，主要适用于实行劳动定额管理、以手工操作为主的工种。其计算公式如下：

$$定员人数 = \frac{工作量}{员工劳动效率 \times 出勤率}$$

【例 12-1】 定员人数计算：

某五星级酒店拥有客房 500 间，年平均出租率为 80%。客房服务员分早、中两个班次，早班每个客房清扫员每天的劳动定额为 12 间，中班为 48 间，员工出勤率一般为 95%。该酒店实行每周 5 天工作制，除固定休息日外，还享受每年 7 天的带薪假期（11 天的法定节假日正常排班，根据劳动法进行加班补偿）。请问客房部应该如何确定客房早、中班服务员的定员人数？

$$定员人数 = \frac{客房总数 \times 年平均出租率}{客房服务员劳动定额 \times 客房服务员平均年出勤天数 \div 365}$$

其中：

客房服务员平均年出勤天数 = [365 − (52 × 2) − 7] × 95% ≈ 241（天）

早班客房服务员定员人数 = (500 × 80%) ÷ (12 × 241 ÷ 365) ≈ 50（人）

中班客房服务员定员人数 = (500 × 80%) ÷ (48 × 241 ÷ 365) ≈ 13（人）

4. 岗位定员法

岗位定员法是指根据组织结构、服务设施等因素，确定需要人员工作的岗位数量，再根据岗位职责及业务特点，考虑各岗位的工作量、工作班次和出勤率等因素来确定人员的方法。这种定员方法一般适用于酒店前厅部、工程部和客房部的一些工作岗位，如门卫、行李员、值班电工、锅炉工、房务中心文员、布件收发员等。

5. 比例定员法

比例定员法是指根据酒店的档次、规模按一定比例确定人员总量，同时，以某一类人员的数量及其占全员总数的比例，来计算另一类人员数量的方法。这一方法是依据客房部某类人员与酒店之间，或不同岗位人员之间客观上存在的规律性的比例关系来决定的。如客房人员约占酒店总人数的 30%，楼层客房服务员与楼层客房领班的比例约 1∶6。当然，这种比例关系在确定编制时只是一个相对的依据，因为每个酒店的实际情况不同，服务标准和管理目标也不同。

6. 职责定员法

职责定员法是指按既定的组织结构及职责范围，以及机构内部的业务分工和岗位职责来确定人员的方法。它主要适用于确定管理人员的数量。

7. 设施设备定员法

设施设备定员法是指按设施设备的数量，以及设备开动的班次和员工的看管定额来计算定员人数的方法。客房服务员定员的主要依据就是根据客房设施的数量和状况，一般高星级酒店客房服务员与客房数的比例约为 1∶5；酒店锅炉房、总机房和客房部的洗衣房等部门的岗位定员常将设备数量和设备条件作为定员的依据。

二、客房部劳动定额

劳动定额是指在一定的生产技术和组织条件下,为生产一定数量的产品或完成一定量的工作所规定的劳动消耗量的标准。劳动定额是现代酒店劳动生产的客观要求。酒店员工一般只从事某一工序的工作,这种分工是以协作为条件的,要想使这种分工在空间和时间上紧密地协调起来,就必须以工序为对象,规定在一定的时间内应该提供一定数量的产品,或者规定生产一定产品所消耗的时间。否则,生产的节奏就会遭到破坏,造成生产过程的混乱。对于酒店客房部,是否能科学合理地制定劳动定额,影响着客房部劳动生产的有效组织与管理,影响着员工的劳动生产率。

(一)劳动定额的表现形式

劳动定额的基本表现形式有两种:一种是时间定额,即规定生产单位产品所消耗的时间,如完成一间走客房的常规清洁工作需要 40 分钟;另一种是产量定额或工作量定额,即规定单位时间内应当完成的合格产品的数量,如一个楼层领班一天(白班)需要对 60 间客房的清洁卫生质量进行检查。另外,还有一种看管定额,即一个人或一个班组同时看管几个楼层。客房部采用什么形式的劳动定额,要根据不同的工作类型、工作特点和工作组织的需要而定。

(二)制定劳动定额的方法

1. 经验统计法

经验统计法包括两层含义:一是以本酒店历史上实际达到的指标为基础,结合现有的设备条件、经营管理水平、员工的思想及业务状况、所需要达到的工作标准等,预测工作效率可能提高的幅度,经过综合分析来制定定额;二是参照其他操作,所制定的定额能够反映员工的实际工作效率,比较适合酒店工作的特点,但这种方法不够细致,定额水平有时会偏向平均化。

2. 技术测定法

技术测定法是指通过分析员工的操作技术,在挖掘潜力的基础上,对各部分工作所消耗的时间进行测定、计算、综合分析,从而制定定额的方法。这种方法包括工作写实、测试、分析和计算分析等多个环节,操作比较复杂,但较为科学。需要注意的是,抽测的对象必须能够客观、真实地反映多数员工的实际水平,测试的手段和方法必须比较先进、科学。

【例 12-2】 工作标准计算:

第一步,根据部门工作情况计算清洁一间客房所需要的时间,比如 27 分钟。

第二步,测定全部工作时间(8 小时工作制)。

$$8 \times 60 = 480(\text{分钟})$$

第三步,测定清洁客房可用时间。

全部时间为 480 分钟,减去班前准备时间 20 分钟、上午休息时间 15 分钟、下午休息时间 15 分钟、班后准备时间 20 分钟,则客房清洁时间为 410 分钟。

第四步,用第三步的结果除以第一步的结果,得出工作标准。

$$410\div27=15.2(间)$$

任务二　客房部的招聘与培训工作

一、客房部的招聘工作

客房部是酒店各部门中拥有员工数较多的部门。由于客房部的工作区域占地面积大,工种项目繁多,劳动强度相对较大,因此招聘工作的难度也较大。一般来说,招聘员工会先由酒店人力资源部进行初步筛选和面试,客房部再根据岗位需求进行复试。项目七中已经对客房部组织结构和各岗位职责、任职要求进行了详细说明。这里仅对客房部招聘对象的共性要求做出分析。

（一）具有较高的自觉性

客房服务员在岗时,应自觉按照酒店有关规定,不打私人电话;不与同伴闲扯;不可翻阅客人的书报、信件、文件等材料;不可借整理房间之名,随意乱翻客人的抽屉、衣橱;不可在客人的房间看电视、听广播;不可用客房的卫生间洗澡;不可拿取客人的食物品尝等。这些都是服务工作的基本常识,也是客房部的工作纪律。

（二）责任心强、善于合作

客房部的服务工作与不少部门有所不同,更多的时候,它的劳工强度大而与客人直接打交道的机会少。这就要求客房部员工要有踏踏实实和吃苦耐劳的精神,面对每天要做的大量琐碎的工作,能够具有良好的心理素质,不盲目攀比,以高度的责任感从事自己的工作。不少酒店按照服务规程,要求清扫客房时应两人同行、结伴互助。这就需要客房部员工具有以我为主、善于与同事合作的能力。以各自的努力,共同营造一个和睦相处、分工明确、配合默契、心境愉快的小范围内部工作场景,提高效率,以利于本职工作的完成。

（三）要有充沛的精力和较强的动手能力

客房部服务工作的内容相对来说较为繁杂,体力消耗大,客人要求标准较高,因此,要求客房部员工反应敏捷,有充沛的精力和较强的动手能力。要想保证客房能够达到舒适整洁的标准,客房部员工就需要付出巨大的努力。

二、客房部员工培训

(一) 培训的意义与原则

培训是指企业通过各种方式使员工具备能完成现在或者将来的工作所需要的知识、技能,改变他们的工作态度,提高员工的工作绩效,并最终实现整体绩效提升的一种计划性和连续性的活动。培训无论对企业还是个人的生存与发展都有着不可忽视的意义。

1. 培训的意义

要使员工的工作达到既定的规格与水准,严格的培训是一种必须且有效的手段。培训的意义表现在以下几个方面。

(1) 能够提高员工的个人素质。

培训是员工获得发展的重要途径,通过培训,可以使员工增强服务意识,获得专业知识,掌握服务技能和技巧,提高服务水平,从而使员工的个人素质得到全面提高,并且不仅能够胜任本职工作,还可以承担更大的责任,具备获得晋升的条件。

(2) 提高工作效率和服务质量。

培训者将有关理论知识和经长期工作实践证明的好的方法和经验传授给培训对象,培训对象掌握这些方法和经验,并在工作中加以运用,不仅可以节省时间和体力,还能够减少失误和差错,保证工作质量,从而达到事半功倍的效果。酒店员工,尤其是新员工,在工作中经常出错,这就是缺乏培训的表现。通过培训,可以使员工的素质得以提高,使客房部的工作有条不紊地进行,从而可以大大减少管理人员的工作量,也可以使管理人员的管理工作变得轻松和愉快。

(3) 降低消耗,从而降低营业成本。

经过培训达到合格标准的员工在工作中可以减少或避免因意识不强、方法不当、经验不足而造成的人力、物力损失,有效地降低消耗,减少用品的浪费,降低物件的磨损程度,从而降低营业费用和成本支出。

(4) 提供安全保障。

员工经过培训,可以增强安全防范意识,掌握安全操作规程,提高预防和处理安全事故的能力,从而降低工作中安全事故的发生概率。

(5) 加强沟通、改善人际关系。

内容丰富、形式多样的培训,对交流思想、沟通信息、改善环境、活跃气氛、消除隔阂、加强合作等都是十分有益的。管理者可以通过培训,加强与员工之间的沟通和了解,增强集体的凝聚力,从而促进管理水平的提高和服务质量的改善。

(6) 使酒店管理工作走向正规化。

通过培训,可以使客房部的工作走向正规化、规范化,也可以提高客房部员工的服务意识和质量意识。值得说明的是,培训的作用是潜移默化的,培训对员工和酒店的影响是长期的,可谓"润物细无声",那种鼠目寸光、急功近利、要求培训取得立竿见影的效果的思想是不对的,也是不现实的。因此,客房部管理人员应该有清醒的认识。

2. 培训的原则

(1)长期性。

酒店员工的流动性比较大,再加上酒店也在不断发展,客人对酒店的要求也越来越高,科学技术在酒店的应用也日益广泛。因此,员工培训不是一朝一夕的事,必须长期坚持。

(2)系统性。

培训工作的系统性表现在以下几个方面。

①培训组织的系统性。

员工培训不仅是人力资源部的事,也是各个部门的重要工作。系统性思想就是根据酒店的管理目标,把酒店的统一培训和部门自行培训结合起来,形成一个相互联系、相互促进的培训网络。

②客房部培训应考虑到全员性、全方位性、全过程性。

全员培训是指客房部的全体员工,无论是领导还是职工、无论是新员工还是老员工都必须接受培训,只有进行全员培训,才能统一认识、统一行动、统一标准。全方位培训的主要目的是提高员工的综合素质,而素质包括很多方面,如知识、技能、态度、习惯等。如果培训只重视其中的某个方面,如重技能、轻知识、重动手、轻开口、重表面、轻实质等,就很难提高员工的综合素质,员工也很难成为优秀的员工。全过程培训是指一个员工在酒店职业生涯发展的各个阶段都应该接受不同层次、不同内容的培训。

(3)层次性。

虽然客房部所有员工都必须参加培训,但由于岗位和级别不同,工作内容和要求就不同,因此,培训工作要分层次进行。比如,分别进行服务员培训、督导人员培训、经理培训等,以便取得良好的培训效果。

(4)实效性。

培训工作是提高员工素质和服务质量的重要保障,酒店为此需要投入可观的人力、物力和财力。因此,培训工作不能走形式,必须注重培训效果。客房部管理者必须认真组织,严格训练,严格考核。考核不合格的员工不允许上岗,不达要求,绝不放行。培训的内容应针对部门服务和管理中存在的问题和薄弱环节加以确定,从而达到"缺什么补什么"的目的。

(5)科学性。

客房部在制定培训目标、确定培训内容、选择培训方式、安排培训时间等方面,都要尊重科学,讲求合理,而不能随心所欲,盲目行事。要按照制定的岗位责任书的具体内容,利用科学的方法和手段进行培训,不能图省事,采取"师傅带徒弟"的简单、陈旧的方式。

(二)培训的类型

酒店员工培训的种类很多,依据不同,划分的类型也不同。

1. 入店教育

入店教育的对象是刚招聘的新员工,这项工作通常由酒店的人力资源部负责。在一些规模较大的酒店里,几乎每天都有新员工入职。入店教育的主要内容包括熟悉酒店的环境,了解酒店的情况,办理有关手续,举行欢迎仪式,学习酒店的员工手册。员工的入店教育是一项非常重要的工作,各酒店的人力资源部都有一套完整的培训方案。入店教育结束后,新员工即可到聘用部门接受岗前培训。

2. 岗前培训

岗前培训包括对新员工的入职指导,以及对岗位工作所需要的操作程序、服务规范和基本的服务技能技巧的训练。客房部必须贯彻"先培训,后上岗"的原则。新员工在上岗前必须接受专门的业务培训,培训结束后,还须接受严格的考核,考核合格后才能正式上岗。新员工的岗前培训是酒店培养和造就合格员工的最佳时机。客房服务的岗前培训内容主要包括本部门的组织结构及岗位职责,本部门的规章制度、安全守则,礼貌礼节、仪容仪表及个人卫生要求,沟通技巧,客房常识,清洁器具的使用和保养,清洁剂的使用方法和注意事项,客房清洁保养的程序和规范,对客服务的程序和规范,各类表单的使用,等等。

3. 在职培训

在职培训是指针对工作中发现的问题随时进行的培训。它可以在不影响日常工作的情况下,穿插进行。可以对员工个别指导或训示,也可利用各种机会对一定范围内的员工进行提示和展开研讨。其目的在于逐步培养并强化员工良好的工作习惯,提高其工作水准,使部门的工作趋向规范化和协调化。客房部的日常训练是一项长期、持续的工作,班前班后的会议、部门例会和工作检查等都应与此联系起来。

对在职员工进行培训是客房部及整个酒店培训工作的重点,也是客房部及整个酒店日常工作的重要内容。那些认为培训只是为了就业,只是为了可以上岗的思想是错误的。针对员工的在职培训主要有日常培训、专题培训、交互培训、下岗培训、脱产进修等。

4. 管理培训

管理培训又称为晋升培训或发展培训。晋升培训是一种针对有潜力的服务员和管理人员,在他们晋升高一级的管理职位之前所设计的培训项目,以便其能够有机会了解其他部门或岗位的工作内容、性质、特点,掌握必要的管理技能、技巧,从而适应未来管理工作的需要。因此,管理培训实际上是员工在晋升前的"热身运动"。管理培训的主要目的就是培养管理人员和业务骨干。通过培训使其能够担任更高层次的职务或承担更重大的责任,发挥更大的作用。这种培训的内容和方式等需根据培训对象的基础及发展的目标与具体情况来安排,通常要有一套系统的方案,包括培训的内容、要求、时间安排、指导教师、培训方式、考试办法等。

目前,很多酒店存在的共同问题是忽视对这部分人员就职前的培训,往往是一经任命立即就职。尽管这些人员可能是经过长期考察的,有基础也有潜力,但晋升并非简单的职务变更,而是工作环境、工作内容、责任范围以及工作性质的变化。如果被提拔的人没有经过相应的发展培训,就任新职后往往需要一个较长的适应过程,而在此期间,他们会遇到很多新的问题和困难,甚至会遭受一些挫折,从而影响信心,影响威信,以致难以有效地开展工作。

(三)培训的方法

1. 讲解

很多培训都会采用讲解的方法,即通过培训者的讲解向员工传授知识和经验。这种方法往往是最枯燥的方法。采用这种方法,一方面对培训的要求很高,另一方面对场地和教学设备也有很多要求。没有这方面的条件作为保障,讲解就很难产生很好的效果。

2. 示范训练

示范训练主要适用于技能培训,即通过培训者演示、员工模仿来训练学员的操作技能。

3. 专人指导

专人指导多用于对新员工的培训,新员工一般都有一些陌生感和局促感,要让他们尽快适应环境、熟悉工作、融入集体,较好的方法就是为其安排专门的指导人员,对其进行个别的、甚至是一对一的帮助和指导。

4. 角色扮演

角色扮演是将学习和兴趣、特长结合起来的培训方法,常常由员工分别扮演各种特定的角色,如服务员和客人等,这些员工在表演过程中可感受气氛、获得知识、悟出道理,而其他观看的员工也能同时受到启发和教育。

5. 情境教学和案例分析

情境教学和案例分析是由培训者设计一些情境或给出一些案例,让员工进行讨论和分析,找出答案和解决问题的办法。这种方法对于培养员工分析问题、解决问题的能力非常有效。

6. 对话训练

对话训练往往与角色扮演、情境教学结合使用。对话训练可以提高员工的口头表达能力,这对员工对客服务来说十分必要。服务人员既要能动手操作,又要会开口说话。从大的意义上讲,说话比动手操作更重要,不会说话就无法与客人进行沟通和交流。

7. 其他方法

客房部的员工培训除了以上几种方法,还有一些非常方便、很有实效的方法可以采用,如观看影视录像、照片图表,参观考察,交流研讨,模拟演习,单项竞赛等。总之,教无定法,在实际工作中,培训者可根据需要灵活多样地进行选择,原则是重实效、轻形式。

(四)培训计划的制订

1. 发现培训需求

管理人员可以通过分析工作中带有的普遍性的问题,根据酒店或部门制定的工作目标与现状之间的差距来确定是否需要培训,何时实施培训和怎样进行培训。下列情况通常需要进行培训:

(1)酒店开业时;

(2)新的设备投入使用时或新的工作程序和管理制度将要实施时；
(3)当员工从事一项新工作时；
(4)当管理人员想帮助员工在事业上获得发展时；
(5)工作效率降低时；
(6)工作中不断出现差错时；
(7)各岗位之间经常产生摩擦时；
(8)客人投诉较多或员工工作不符合酒店的质量和数量要求时；
(9)酒店或部门制定的工作目标与现状之间有较大的差距时。

2. 制订培训计划

确定培训需求以后，就要制订培训计划。一个完整的培训计划应该包括以下内容。

(1)培训的目标。

培训的目标是指培训结束后受训者应该达到的要求。培训的目标要着眼于提高员工的实际工作能力。目标不能是笼统的，应该有具体、明确的要求，规定经过培训必须学会做哪些工作和达到什么要求。

(2)培训的时间。

培训的时间应尽量安排在酒店接待的淡季，以不影响或少影响工作为原则。在培训计划中，应明确说明培训的开始日期、结束日期及每日培训的准确时间，以便部门和班组据此安排好工作。

(3)培训的地点。

培训的地点可以是店外，也可以是店内；可以是培训课室，也可以是受训者的实际工作岗位。但一定要是不受人或物干扰的场所。

(4)培训的内容。

培训的内容应根据前台及客房部工作的实际需要、酒店的要求，以及员工的自身特点、能力而定。

(5)培训的要求。

培训的要求是指对受训者实施受训期间的要求，以确保培训工作取得良好的效果。

(6)培训者。

根据培训的对象、培训的内容等实际情况，培训者可以由本部门或本酒店的优秀员工担任，也可聘请店外专业人士担任。

(7)培训方式。

培训方式包括部门(酒店)内部培训或委托培训、"请进来"或"走出去"培训、岗位培训或脱产培训和课堂讲授或操作示范。

(8)培训所需要的设备、器材。

根据培训的内容，培训工作可能需要幻灯机、录像机、电视机、计算机等设备和白板、白板笔等教学器材，以及书、笔记本等学习用品。这些均需在培训计划中一一列明，以便做好培训的准备工作。

(五)如何增强培训效果

培训计划的实施关键是要增强培训效果。培训工作能否取得成效，取决于酒店领导以及有关方面和人员的大力支持,取决于培训组织者的精心策划,取决于培训者的业务水平和培训艺术,同时也取决于受训者的配合程度。为使培训工作卓有成效,必须做到以下几点。

1. 正确认识培训的重要性

要搞好培训,酒店领导、部门管理人员及接受培训的员工等相关人员必须对培训的重要意义有充分的认识。这是做好培训工作的思想基础。

2. 酒店领导及部门管理人员应给予大力支持

酒店领导及部门管理人员不但要认识到培训的重要性,而且必须在人、财、物、时间及道义等方面给予大力支持。这是培训工作得以顺利进行的前提条件和物质保障。在很多情况下,需要部门管理人员及酒店领导亲自抓培训。

3. 做好培训的组织和管理工作

培训的组织者要切实负起责任,认真制订培训计划,选择不受干扰的地点、最佳的培训时间,挑选高素质的、合格的培训者,确定恰当的培训方式和能够满足实际需要的培训内容。这是使培训取得实效的有力保证。

4. 运用培训的艺术

要使培训达到良好的效果,培训者必须具有较高的专业素质和培训技能。除认真准备和讲授以外,还要讲究培训的艺术性。首先,所选用的学习材料的数量和类型都要符合受训者的需要和水平。然后,尽量使用有助于教学的教具,尽量增加实践课程,鼓励员工自己动手。授课过程中,要注意培养员工的学习兴趣,掌握授课的技巧。

5. 做好培训的考核和评估

培训结束后,应通过笔试、口试或实际操作测试等方式对员工进行考核,以确定是否达到了培训的目标,同时征求参加培训的员工的意见,收集他们对培训的看法,并从培训的内容、方式,组织管理和培训效果等方面进行评估,总结经验和教训。

6. 做好培训的激励

为了增强培训效果,还应做好培训的激励工作。首先,要做好培训的考勤工作。对于出勤情况好、听课认真的员工予以表扬,而对于迟到、早退,甚至无故不参加培训者,予以批评或惩罚。其次,将培训与使用相结合。根据每个员工的具体条件、个人愿望和工作需要,实行定向培养、定向使用,并把培训成绩作为使用的依据之一。最后,将培训与晋升相结合。在晋升时优先考虑积极参加培训并且培训成绩优异的员工。

任务三 员工考核与工作评估

员工考核与工作评估是指管理人员依据既定的标准,按照一定的程序,采用适当的方法对下属员工进行综合考核和评定,并提出希望和要求。为了提高服务质量和工作效率,酒店必须实施并加强员工的日常考核和定期评估工作。否则,将会出现有令不行、纪律涣散、服务质量降低的状况。

一、日常考核

客房部各级管理人员平时应做好对属下员工工作表现的观察与考核记录。这不仅是提高服务质量和工作效率的重要手段和途径,同时也是对员工进行客观、公正评估的基础。

考核应该逐级进行,涉及包括管理人员在内的每一位员工。领班对服务员进行考核,主管对领班进行考核,部门经理则对主管进行考核。当然,管理人员在任何时候都应该明白,考核、评估只是手段而已,提高服务质量和工作效率才是最终目的。

考核的内容可以因考核对象的不同而不同,对服务员的考核包括员工的出勤情况、仪容仪表、服务态度、行为准则等(见表12-1)。而对管理人员的考核还应增加现场督导、管理情况、财产管理情况及考评工作执行情况等。为了增强考核工作的客观、公正性,考评员还应在考评表的背面写下扣分的理由和出现的问题,使被考评者心服口服,并且这也是日后对员工工作进行评估的客观依据。

表12-1 员工仪容仪表、行为准则检查表

日期:

得分项	35	可查项	35	实际得分		得分率			
项目							是	不是	未涉及或不适用
女性职员仪容仪表:13项									
1. 长发女员工需挽发髻,只可佩戴黑色或暗色发卡									
2. 头发未染成刺眼或不自然的颜色									
3. 未留怪异发型									
4. 流海未遮盖眉毛									
5. 化淡妆,不使用味道浓烈的香水									
6. 可使用无色指甲油,未涂彩色指甲油,不留长指甲并保持清洁									
7. 不涂青色或深红色口红									
8. 文身、刺青不外露									
9. 佩戴结婚戒指、手表、小耳钉,未佩戴耀眼、怪异饰物									
10. 铭牌、徽标、领结应佩戴适中									
11. 保持工服及工鞋清洁、整齐、笔挺,制服口袋保持平整、美观									
12. 工作前不食用蒜、葱及刺激性气味较强的食品									
13. 保持挺拔的站姿,不斜靠或拖拉行走,不将双手或单手插兜									
得分									

续表

男性职员仪容仪表:10 项			
1. 头发干净,梳理整齐,头发长度不可过耳及衣领			
2. 未烫发,及染成刺眼或不自然的颜色			
3. 未留胡须,鼻毛未外露			
4. 不佩戴耳环或其他小饰品(手表、结婚戒指除外),厨房区域员工手上不可以佩戴手表、戒指等			
5. 指甲剪短并保持清洁			
6. 保持工服整齐、笔挺,工鞋清洁,制服口袋保持平整、美观			
7. 工作前不食用蒜、葱及刺激性气味较强的食品			
8. 保持挺拔的站姿,不斜靠或拖拉行走,不将双手或单手插兜			
9. 不使用味道浓烈的香水			
10. 名牌、徽标、领带应佩戴适中			
得分			
行为准则:12 项			
1. 在可以预知的情况下,热情问候客人			
2. 在任何时候都保持彬彬有礼,举止文雅			
3. 使用礼貌用语和敬语,保持热情、自信的工作状态			
4. 工作中面部表情自然,时刻保持微笑			
5. 交谈中应保持注意力,保持视线接触,并适当做出礼节性的回应			
6. 不打断正在讲话的客人			
7. 与客人、同事、上级之间相互尊重			
8. 积极关注客人的需求,销售酒店产品,向客人推荐适合的酒店服务项目			
9. 工作中避免抓头发、摸脸、吃口香糖等不雅行为			
10. 不随意使用客用品、客用设施的现象			
11. 现场管理或督导人员,在发现岗位缺失的情况下,主动补台			
12. 当发现客人可见区域存在可随手拾起的垃圾时,及时进行处理			
得分			

二、工作评估

对员工的工作评估,就是按照规定的程序和方法,根据管理人员预先确定的内容和标准，对员工的德才表现和工作业绩进行的考察和评价。客房部员工的工作评估可以定期进行，也可以不定期进行。评估有助于发现员工工作中的缺点和不足，以便管理人员采取相应的管理措施，激励员工更好地工作，以及为今后员工的岗位安排提供依据。评估还有助于改善员工和管理人员的关系，促进他们相互了解。

根据客房部的阶段性工作要求及评估对象的工作需要，管理人员可以采取填写评估表、面谈等方式进行评估。

三、考核与评估的注意事项

（一）必须做到客观、公正

考核与评估的目的是实事求是地指出员工的缺点，提出改进的方法和努力的方向，热情地肯定优点，提出发展要求和希望。考核、评估者必须严肃认真、客观公正地对待评估工作，以日常考核和员工的工作表现为依据，绝不能主观臆断，凭印象和个人好恶进行，更不能有报复思想。

（二）选择合适的环境

进行面谈时，选择的地点要安静，不受其他人或各种噪声的干扰，从而便于沟通，实现评估的目的。

（三）鼓励对话

考核、评估过程本身就是为酒店经营管理活动提供反馈信息的途径和上、下级之间的沟通渠道。单向性的评估容易引起员工的不满，最终使员工的工作情绪与评估的宗旨背道而驰。因此，与员工面谈时应当鼓励其提出不同的意见或看法，积极进行引导。

任务四　员工激励

所谓激励，就是指通过科学的方法激发人的内在潜力，开发人的能力，调动人的积极性和创造性，使每个人都能切实地感到人有所展、力有所为、劳有所得、功有所奖、过有所罚。激励的过程就是促进员工努力工作的过程。简单地说，员工激励就是充分调动员工的积极性和创造性，发挥员工潜能的过程。

一、激励的重要性

酒店的所有员工，从总经理到服务员都需要激励，激励是针对全体员工的一种人力资源管理方法。另外，管理者要想使员工长期保持较高的工作效能，就必须对他们进行持续而有效的激励。前厅与客房部管理人员不仅要把激励当作人力资源管理的方法，还要把激励当作日常管理工作的一部分。

二、激励的方法

（一）物质激励与精神激励

虽然物质激励与精神激励的目标是一致的，但是它们的作用对象却是不同的。前者作用于人的生理方面，是对人物质需要的满足；后者作用于人的心理方面，是对人精神需要的满足。随着人们物质生活水平的不断提高，人们对精神与情感的需求越来越迫切。

（二）正激励与负激励

正激励就是当一个人的行为符合组织的需要时，通过奖赏的方式来鼓励这种行为，以达到持续和发扬这种行为的目的；负激励就是当一个人的行为不符合组织需要时，通过制裁的方式来抑制这种行为，以达到减少或消除这种行为的目的。

（三）内激励与外激励

内激励是指由内酬引发的、源自工作人员内心的激励；外激励是指由外酬引发的、与工作任务本身无直接关系的激励。

> **知识活页**
>
> 如何科学地安排员工补休？
>
>

三、激励的注意事项

管理者要想真正把激励做好，除了以上提到的一些做法和要求，还必须注意以下几点。

(一)要尊重、理解和关心员工

对员工在工作上要求严格,但在生活上要关心和尊重,只有员工真正感受到被尊重,他们才会以主人翁的精神积极工作。

(二)激励要有广泛性

激励的目的是调动全体员工的积极性,而不是调动少数人或个别人的积极性。因此,激励的范围要大,让更多的人获得价值较低的奖励,要比让少数人获得价值颇高的奖励更为重要。对员工来说,获奖越难,激励就越倾向于极少数人,结果会使大多数人士气低落。

(三)公开、公平、公正

受到表扬和奖励的人,必须是按照标准公开确定的,不能有领导的个人主观成分,须得到大家的认可。另外,要做到标准公开、做法公正。

(四)提倡集体之间的竞争

竞争虽然能够激发员工的积极性和进取心,但如果做法不当、控制不好,也很容易影响人际关系。通常,竞争要侧重于班组之间的竞争,而不宜搞员工个人之间的竞争。如果搞个人竞争,那么每个人都可能把自己的合作伙伴当作竞争对手,这样会产生不必要的矛盾,从而破坏团队精神。

(五)恰当使用负激励

酒店除了正激励,还有负激励。负激励如果运用得当,也能有效地促使员工恪尽职守,起到一定的积极作用。进行负激励时,管理者要善于通过消极的手段达到积极的目的。批评、惩罚和处分等要以事实为依据,以规定为准绳,不能主观臆断,要对事不对人,要讲究方式方法,注意实际效果。

同步案例

海尔集团在正负激励方面做得比较成功。比如海尔集团开始宣传"人人是人才"时,员工反应平淡,他们想:我又没受过高等教育,当个小工人算什么人才?但是当海尔集团把一个普通工人发明的一项技术革新成果,以这位工人的名字命名时,工人中很快就兴起了技术革新之风。比如工人李启明发明的焊枪被命名为"启明焊枪",杨晓玲发明的扳手被命名为"晓玲扳手"。这一措施大大激发了普通员工创新的激情,后来不断有新命名的工具出现,员工的荣誉感得到了极大的满足。对员工创造价值的认可,是对他们最好的激励,及时的激励能让员工觉得工作起来有盼头、有奔头,进而也能激发出员工更大的创造性。另外,海尔集团每月还对所有的干部进行考评,考评档次分表扬与批评。表扬加1分,批评减1分,年底二者相抵,达到负3分的就要被淘汰。同时,海尔集团还制定了轮岗制度,使干部在多个岗位轮换,全面增长其才能,并根据轮岗表现决定干部升迁。

"一正一负,一奖一罚"的激励机制,树立了正反两方面的典型,从而产生无形的压力,在组织内部形成良好的风气,使群体和组织的行为更积极,更富有生气。

(资料来源:根据相关资料整理)

即学即测

1. 如何科学地进行客房部编制定员和劳动定额?
2. 客房部为什么重视培训工作?
3. 日常考核与评估对于客房部管理有哪些意义?
4. 客房部常用的员工激励方法有哪些?

实战训练

一、实训要求

(1) 掌握客房部编制定员的方法和步骤。
(2) 熟知客房部招聘工作中的方法和技巧。
(3) 掌握客房部员工培训计划的拟订。

二、实训项目

1. 客房编制定员计算

任务实施:

(1) 教师把班级中每5—7人分为一个小组,每组成员分别扮演客房部经理、楼层主管、公共区域主管、领班等,模拟编制定员过程。

(2) 假设某酒店拥有客房800间,年平均出租率为75%。客房服务员分早、中两个班次,早班每个客房清扫员每天的劳动定额为15间,中班为40间,员工出勤率一般为95%。该酒店实行每周5天工作制,除固定休息日外,还享受每年7天的有薪假期(11天的法定节假日正常排班,根据劳动法进行加班补偿)。请各小组计算出酒店客房部早中班的定员人数。

(3) 总结各小组总结计算过程中出现的问题。

2. 模拟招聘演练

任务实施:

(1) 各小组拟定客房部招聘需求,其中2名学生扮演面试官,其他学生扮演面试现场工作人员、应聘者等,模拟演练客房部招聘。

(2) 教师根据课程进度,安排各小组在班级进行演练,或由各小组把模拟招聘演练拍摄成小视频,上传到教师指定的线上学习空间。

(3) 各小组分享招聘、应聘过程中的感悟,并总结出客房部招聘工作的主要方法和重要性。

3. 模拟培训演练

任务实施：

（1）各小组设定所在酒店客房部的培训需求，详细分析后制订相应的培训计划。

（2）各小组在班级内阐述本组详细的培训计划，并分享为保证该计划顺利实施应该采取的措施和手段。

（3）各小组选取其中一个培训主题，在班级进行一次模拟培训，受训人员可以对培训师进行打分和培训效果评价。

（4）各小组分析实施模拟培训中出现的困难和问题，总结客房部培训工作的方式方法和注意事项。

案例分析

谁的过错？

春节过后，酒店进入营业淡季。客房部主管张丽紧锁眉头，考虑着节后的工作安排。她拿起电话与人事部王经理商量道："目前客源较少，何不趁此机会安排员工休息。"王经理答道："刚休了7天，再连着休息，会不会太频繁？而以后的20多天没休息日，员工会不会太辛苦？"张丽说："没关系，反正现在客源少，闲着也是闲着。"两人商定后，就着手安排各楼层员工的轮休。

刚到中旬，轮休的员工陆续到岗，紧接着客源激增，会议一个接着一个，整个酒店又恢复了往日的热闹，员工们忙得不亦乐乎。在紧张地夜以继日地工作了几天后，张丽正为自己的"决策"感到沾沾自喜时，问题便接连而来：这天下午4点，服务员小陈突然重感冒头痛要求调休；晚上，小钱的父亲突然住院也要求调休；小黄的腿又不慎摔伤。面对突然出现的问题，张丽乱了方寸。实在没有办法再安排员工调休的张丽，以这个月的休息日已全部休息完毕为由，拒绝了3位员工的休假请求，并强调家中有事的、生病者要休息就请假，而请一天的病假和事假所扣的工资、奖金的数额较大。面对这样的决定，小黄请了病假，小陈、小钱只好克服各自的困难，仍然坚持上班。

第二天中午，张丽接到总台转来的客人的口头投诉，被投诉的正是小陈和小钱。原因是他们丢三落四，答非所问，面无笑容，对客不热情，服务总出差错。张丽听后一脸茫然。

（资料来源：根据相关资料整理。）

思考讨论：

客人投诉的真正过错方是谁？

案例评析：

酒店的淡旺季如何安排员工轮休，这一点确实是部门主管日常工作中比较棘手的一个问题。这项工作如果安排得好，就能够让酒店节约人力成本，实现人力分配的最优化。案例中，主管张丽只考虑到了营业淡季把员工的休息先"消化"掉，但未提前预判接下来的营业旺季如果员工出现意外情况的休息需求。因此，张丽作为客房部主管在安排每个月员工的排班时，应该做到提前预判各种情况，留有可控的操作范围，以免出现案例中的情况。

参考文献
References

[1] 王秀红.前厅客房服务与管理[M].北京:北京理工大学出版社,2019.
[2] 张青云,毛峰.前厅客房服务与管理[M].2版.北京:北京大学出版社,2019.
[3] 陈乃法,吴梅,杨富荣.饭店前厅客房服务与管理[M].3版.北京:高等教育出版社,2015.
[4] 蒋丁新.酒店管理概论[M].大连:东北财经大学出版社,2000.
[5] 蒋露娟.前厅与客房实训教程[M].北京:北京理工大学出版社,2018.
[6] 陈静.前厅运行与管理[M].2版.桂林:广西师范大学出版社,2019.
[7] 王华,苟雪芽,宋彦华.饭店前厅服务与管理[M].重庆:重庆大学出版社,2016.

教学支持说明

为了改善教学效果,提高教材的使用效率,满足高校授课教师的教学需求,本套教材备有与纸质教材配套的教学课件(PPT 电子教案)和拓展资源(案例库、习题库、视频等)。

为保证本教学课件及相关教学资料仅为教材使用者所得,我们将向使用本套教材的高校授课教师赠送教学课件或相关教学资料,烦请授课教师通过电话、邮件或加入旅游专家俱乐部 QQ 群等方式与我们联系,获取"教学课件资源申请表"文档,准确填写后反馈给我们,我们的联系方式如下:

地址:湖北省武汉市东湖新技术开发区华工科技园华工园六路

邮编:430223

电话:027-81321911

传真:027-81321917

E-mail:lyzjjlb@163.com

旅游专家俱乐部 QQ 群号:758712998

旅游专家俱乐部 QQ 群二维码:

群名称:旅游专家俱乐部5群
群　号:758712998

电子资源申请表

填表时间：_____年___月___日

1. 以下内容请教师按实际情况填写，★为必填项。
2. 相关内容可以酌情调整提交。

★姓名		★性别	□男 □女	出生年月		★职务	
						★职称	□教授 □副教授 □讲师 □助教

★学校		★院/系	
★教研室		★专业	
★办公电话		家庭电话		★移动电话	
★E-mail				★QQ号/微信号	
★联系地址				★邮编	

★现在主授课程情况	学生人数	教材所属出版社	教材满意度
课程一			□满意 □一般 □不满意
课程二			□满意 □一般 □不满意
课程三			□满意 □一般 □不满意
其他			□满意 □一般 □不满意

教材出版信息						
方向一		□准备写	□写作中	□已成稿	□已出版待修订	□有讲义
方向二		□准备写	□写作中	□已成稿	□已出版待修订	□有讲义
方向三		□准备写	□写作中	□已成稿	□已出版待修订	□有讲义

请教师认真填写下列表格内容，提供申请教材配套课件的相关信息，我社将根据每位教师填表信息的完整性、授课情况与申请课件的相关性，以及教材使用的情况赠送教材的配套课件及相关教学资源。

ISBN（书号）	书名	作者	申请课件简要说明	学生人数（如选作教材）
			□教学 □参考	
			□教学 □参考	

★您对与课件配套的纸质教材的意见和建议有哪些，希望我们提供哪些配套教学资源：